JENNIFER LECLAIRE

DESCOBRINDO

SEU DESTINO

PROFÉTICO

JENNIFER LECLAIRE

DESCOBRINDO SEU DESTINO PROFÉTICO

Como trabalhar com o Espírito Santo para cumprir o seu chamado

Rio de Janeiro, 2021

Título original: *Walking in Your Prophetic Destiny*
Copyright © 2019 por Jennifer LeClaire
Copyright da tradução © 2020 por Vida Melhor Editora Ltda.

Edição original por HarperCollins Christian Publishing. Todos os direitos reservados.
Todos os direitos desta publicação reservados por Vida Melhor Editora Ltda.

PUBLISHER	*Samuel Coto*
EDITORES	*André Lodos e Bruna Gomes*
TRADUÇÃO	*Markus Hediger*
REVISÃO	*Eliana Moura Mattos*
CAPA	*Rafael Brum*
DIAGRAMAÇÃO	*Filigrana*

Os pontos de vista desta obra são de total responsabilidade da autora, não refletindo necessariamente a posição da Renova, da Thomas Nelson Brasil, da HarperCollins Christian Publishing ou de sua equipe editorial.

As citações bíblicas são da *Nova Versão Internacional* (NVI), da Bíblica, Inc., a menos que seja especificada outra versão da Bíblia Sagrada.

Dados Internacionais de Catalogação na Publicação (CIP)

L496d   LeClaire, Jennifer

1.ed.   Descobrindo seu destino profético: como trabalhar com o Espírito Santo para cumprir seu chamado / Jennifer LeClaire; tradução de Markus Hediger. — 1.ed. — Rio de Janeiro: Thomas Nelson Brasil, 2021.
240 p.; 13,5 x 20,8 cm.

Tradução de: Walking in Your Prophetic Destiny
ISBN: 978-65-56890-14-2

1. Profecias. 2. Espírito Santo. 3. Cristianismo. 4. Libertação. 5. Revelação. I. Hediger, Markus. II. Título.

4-2020/25	CDD 230
	CDU 274

Bibliotecária responsável: Aline Graziele Benitez CRB-1/3129

Renova é uma marca licenciada à Vida Melhor Editora Ltda.
Todos os direitos reservados à Vida Melhor Editora Ltda.
Rua da Quitanda, 86, sala 218 - Centro
Rio de Janeiro, RJ - CEP 20091-005
Tel.: (21) 3175-1030
www.thomasnelson.com.br

Dedico este livro a todos aqueles que me ajudaram ao longo da jornada — apóstolos, profetas, evangelistas, pastores, professores, editores, entes queridos e amigos. As conexões divinas são simplesmente numerosas demais para mencioná-las individualmente, mas você sabe quem você é. Eu amo e prezo você. Eu não estaria aqui sem o seu apoio. A Deus toda glória.

SUMÁRIO

Introdução 9

Capítulo 1
O que sou chamado a fazer? 15

Capítulo 2
Estou com medo! 33

Capítulo 3
Desapegar e avançar 45

Capítulo 4
Abraçar o caráter de Cristo 57

Capítulo 5
O preço do progresso 73

Capítulo 6
Discernindo horas e temporadas 87

Capítulo 7
Nível novo, diabo novo 101

Capítulo 8
Deixe que a paciência faça sua obra perfeita 113

Capítulo 9
Equipe-se para cumprir o seu destino 125

Capítulo 10
Construindo relacionamentos divinos...139

Capítulo 11
Recusando-se a desistir...153

Capítulo 12
Muito bem, servo bom e fiel..167

Conclusão..179
Agradecimentos 183
Notas..185

INTRODUÇÃO

Foi um milagre. Os procuradores do Estado queriam me jogar na prisão por cinco anos — e meu próprio advogado, que, a princípio, tinha dito que faria com que as acusações fossem totalmente retiradas, sugeriu que eu aceitasse o acordo e deixasse meu bebê sem mãe. Mas Deus tinha planos diferentes. Ele tinha um destino profético para mim, e isso não incluía a prisão.

Sim, meu testemunho de entregar minha vida ao Senhor Jesus Cristo começa em uma prisão na Flórida. Poucos meses depois de ter minha vida destruída por um marido genioso, que fugiu para outro país a fim de começar uma vida nova sem a sua família, eu fui presa por um crime que não cometi. Parecia que a vida que eu conhecia tinha chegado ao fim. Na verdade, eu estava encontrando um novo começo.

O ministério carcerário Bill Glass Champions for Life entrou na prisão com a missão evangelística de livrar os detentos de uma vida de pecado e morte. Pessoas que levaram os mais diversos tipos de vida contaram seu testemunho de como tinham encontrado o Senhor, e então compartilharam uma mensagem sobre como nós também poderíamos ser salvos. Quando fizeram a chamada da salvação, eu me levantei bem ali, em meu macacão laranja, e disse "sim" ao Senhor.

Alguma coisa em meu coração mudou imediatamente: eu tinha entrado na fase seguinte do meu destino profético. De repente, tive um desejo ardente de servir ao Senhor. Me inscrevi em uma escola bíblica a distância e devorei a Palavra de Deus. Evidentemente, meu destino profético especial não podia ser realizado em uma prisão municipal — ou na prisão para a qual queriam me mandar. E esse destino profético especial também não poderia ser realizado sem um treinamento ministerial.

Lembre-se, eu não fui criada na igreja. Eu não sabia nada sobre o Evangelho. Mas eu tinha uma palavra profética sobre a minha vida. Minha professora no jardim de infância tinha dito à minha mãe que eu tinha o dom da escrita, e que eu poderia usá-lo para ter uma vida lucrativa. Talvez ela não soubesse que queria dizer *uma vida lucrativa para o reino de Deus*. Falarei mais sobre isso nas próximas páginas deste livro.

De certa forma, acredito que nosso destino profético já começa antes de vivermos para Deus. Acredito que ele nos dá dons, talentos e oportunidades para cultivá-los mesmo antes de o conhecermos. No meu caso, eu era uma jornalista bem-sucedida antes de ser salva. Como mãe solteira que não recebia pensão alimentícia, meu objetivo era ganhar o máximo de dinheiro possível para dar à minha filha — que agora estava sem pai — a melhor vida e educação possíveis. Eu queria casas, lindos carros e conforto.

Meu paradigma mudou quando fui salva. Tudo o que queria fazer era escrever para Jesus e para o bem de seu Reino, mesmo tendo perdido cada centavo com minha defesa das acusações falsas. Completamente prejudicada pelo sistema jurídico, saí da prisão e tentei cumprir meu destino profético. Em meu fervor de seguir o plano de Cristo para a minha vida, contatei cada revista cristã que podia encontrar, assim que saí da prisão.

Para minha decepção, as revistas cristãs ou me ignoraram, ou educadamente me mandaram cartas de rejeição. Eu entendi. Eu não sabia muito sobre Deus e não tinha muito a dizer. Tudo que eu tinha eram meu testemunho e meu zelo. Apesar de estar alguns anos à frente de Deus em minha busca por mídias cristãs, eu estava no caminho certo para cumprir meu destino profético. Deus viu minha busca e o desejo do meu coração de servi-lo e, a fim de recompensar

INTRODUÇÃO

os anos perdidos, ele rapidamente abriu portas que nenhum homem poderia abrir.

Logo Deus me usou para fundar uma pequena revista cristã internacional, que me deu a oportunidade de entrevistar pessoas como Joyce Meyer, Reinhard Bonnke, Tommy Barnett e muitas outras que ajudaram a moldar o fundamento da minha fé. Também comecei a produzir um programa de TV cristão e viajei para nações estrangeiras dirigindo documentários para missões. Paralelo a isso, eu também liderava esforços midiáticos como membro de uma igreja local.

Dentro de poucos anos, comecei a trabalhar como escritora autônoma para a revista *Charisma*. Eu realmente acreditava que tinha conseguido, que finalmente tinha alcançado meu destino profético (Romanos 8:30). Nem imaginava que, poucos anos depois, eu me tornaria a editora oficial de notícias. De novo, pensei que tinha alcançado meu objetivo. Acreditava que aquilo era o auge do meu destino profético. Deus devia estar rindo muito. Mal sabia eu que, poucos anos depois, serviria como editora-executiva e ajudaria a construir uma grande publicação on-line antes de me tornar editora-chefe dessa publicação venerável — na verdade, eu seria a primeira editora mulher nos quarenta anos de história da revista. Eu tinha rompido um teto de vidro, mas esse ainda não era o auge.

Ao longo dos anos, escrevi ou colaborei com quase dez livros cristãos. Meu trabalho tem sido traduzido para espanhol, francês, chinês, coreano — e parte dele se encontra até nos arquivos do Flower Pentecostal Heritage Center, um museu da Assembleia de Deus localizado em Springfield, nos Estados Unidos. Tudo isso não aconteceu de um dia para o outro, mas também não levou uma vida inteira. De pagã para impacto internacional em apenas poucos anos? Só Deus para fazer isso — a ele toda glória.

O mais importante, porém, não é *o que* aconteceu em minha vida, mas *como* isso aconteceu. A fim de andar no destino profético que Deus ordenou para mim, eu precisei permitir que ele mudasse minha mente e purificasse meu coração para que ambos concordassem com sua agenda. Muitas vezes, isso acontecia através das palavras: "Não seja feita a minha vontade, mas a tua, Senhor". Mas isso não foi o suficiente para me levar aonde estou hoje e não será o suficiente para me levar aonde ele quer que eu vá amanhã.

Eu precisei — e ainda preciso — ser uma aluna da Palavra e encontrar mentores e professores mais maduros do que eu que me ofereçam orientação e correção. Eu tive que vencer os demônios do meu passado. Tive que esperar pela hora perfeita estabelecida por Deus (em vez de sair correndo com obras da carne). Tive que me recusar a desistir diante da reação demoníaca que parecia atacar cada área da minha vida. Nem sempre foi fácil como mãe solteira, mas a graça de Deus nos basta.

Não existe um santo vivo que não tenha o profundo desejo de fazer algo maravilhoso por Deus. Eu acredito que ele planta esse desejo em nós. O que nos falta é uma compreensão clara de como trabalhar com o Espírito Santo para produzir frutos para o Reino e ganhar recompensas eternas, para ouvi-lo dizer: "Muito bem, servo bom e fiel [...]. Venha e participe da alegria do seu senhor" (Mateus 25:21).

Descobrindo seu destino profético ajuda a encontrar a semente do seu destino, regá-la, arrancar as ervas daninhas, permitir que o Filho brilhe sobre ela e observar como ela desperta para a vida, cresce e se transforma em algo maior do que você — e, então, sustentá-la enquanto ele lhe leva de glória em glória.

Seja você um construtor, um presidente executivo, um ministro leigo ou um pastor em tempo integral, este livro une o prático ao espiritual para ajudá-lo a entender o chamado singular de Deus para a sua vida e como percorrer a estrada do seu destino profético. Usarei exemplos da minha vida pessoal para auxiliá-lo nessa jornada.

Oro para que você não ignore as áreas que lhe pareçam familiares — muito menos as que pareçam desafiadoras. Oro para que você decida isto em seu coração:

INTRODUÇÃO

Não importa o que seja necessário, não importa quanto tempo leve, não importa quão difícil seja, não importa a quem não agrade, eu buscarei a vontade de Deus e seguirei em seus caminhos e em seu tempo para honra e glória de seu nome. Amém.

CAPÍTULO 1

O QUE SOU CHAMADO A FAZER?

Quando eu tinha cinco anos, minha professora do jardim de infância nos deu a tarefa de criar um pequeno livro, com história, ilustrações e capa. Era uma missão e tanto para uma criança de cinco anos, mas eu a assumi com alegria e determinação. Minha história tratava de uma garotinha e um garotinho que queriam viajar para a lua em uma espaçonave — e conseguiram! (Parece que sempre fui uma sonhadora.)

Durante uma reunião com os pais, minha professora, a sra. Greene, profetizou para a minha mãe sobre o meu futuro. Bem, é possível que ela não sabia que estava profetizando, mas com certeza estava. Ela disse à minha mãe que, sem dúvida alguma, eu seria escritora quando crescesse.

É claro que o inimigo lutou contra essa profecia improvisada, e com todos os recursos que tinha. Eu sempre amei ler — talvez porque, quando criança, passei um bom tempo no hospital e, depois, fiquei confinada à cama com meu corpo inteiro engessado. Não tive como fazer outra coisa senão ler, desenhar e assistir à série *I love Lucy*. Mas os ataques injuriosos do inimigo se transformaram em bênção, de acordo com Romanos 8:28. Durante toda a minha infância, e até mesmo na minha adolescência, eu li vários livros por semana. Desenvolvi um amor pela leitura e pelo aprendizado.

Mas eu não gostava de escrever.

Na verdade, eu odiava escrever.

Em todo o Ensino Médio, sempre participava das aulas avançadas de inglês. Era evidente que eu tinha dons e habilidades comunicativas. Mas odiava escrever, ao ponto de só escrever uma redação depois de ter vencido o prazo, e só o fazia para não ser reprovada. Eu sempre entregava minhas redações com atraso, e fui penalizada duas vezes por isso. Mesmo assim, eu teria recebido nota máxima se tivesse entregado o trabalho a tempo. Mas a escrita simplesmente não me interessava. Eu queria ser psicóloga.

Quando fui para a faculdade, decidi trabalhar no jornal da escola. Eu ainda não tinha nenhuma ambição de escrever notícias, mas via aquilo como uma oportunidade social de conhecer pessoas em uma cidade nova. Descobri que eu escrevia bem. Eu gostava de escrever. Desenvolvi uma paixão pela escrita. Não demorou, e fui promovida a redatora-assistente de notícias, depois a redatora de notícias, depois a redatora de reportagens especiais e, finalmente, a editora-executiva do jornal da faculdade. Eu escrevia sob vários pseudônimos, pois sempre faltava conteúdo para encher as páginas. Eu fazia de tudo, de A a Z. Meu namorado era o fotógrafo-chefe, e nós formávamos uma equipe maravilhosa.

Iniciei minha carreira como escritora nos primórdios da internet. Sem contar os blogues, meu primeiro trabalho publicado foi no livro *Canja de galinha para a alma da mulher*. Ao longo dos anos, escrevi para o *The New York Times*, a *Associated Press* e muitos outros jornais e revistas respeitáveis. Além de peças jornalísticas, também escrevi poemas, roteiros, anúncios para *outdoors*, textos de marketing para empresas da Fortune 500,[1] roteiros para comerciais de TV, comunicados de imprensa, folhetos, textos para *sites*, manuais técnicos, livros tecnológicos, livros para o setor imobiliário e outros. Tenho trabalhado como gerente de projetos, editora e *ghost writer*.[2]

Como costumo dizer, se algo pode ser escrito, é provável que eu o tenha escrito. O inimigo combateu a profecia da minha professora do jardim de infância plantando sementes de que escrever era um fardo. Eu queria ser psicóloga, depois cineasta, mas o Senhor tinha um plano diferente. Isso me lembra Provérbios 19:21: "Muitos são os planos no coração do homem, mas o que prevalece é o propósito do Senhor".

Uma profecia que, na época, tinha sido feita 22 anos atrás marcou a primeira metade da minha carreira. No momento em que escrevo este livro, já publiquei mais de trinta outros, a maioria deles campeã de vendas. A profecia da professora do jardim de infância se cumpriu, com frutos que permanecem.

Enquanto trabalhava para a Associated Press em 2002, o Senhor profetizou diretamente para mim: *Você terá um impacto sobre o mundo inteiro com a sua caneta*. Eu anotei isso em um pedaço de papel que encontrei no carro e afixei na minha geladeira. Parecia impossível, mas tudo é possível para aquele que crê (Marcos 9:23). Em 2012, meus artigos haviam sido lidos por pelo menos uma pessoa em cada nação habitável. Para onde quer que eu vá no mundo, as pessoas me dizem que leram meus artigos e livros.

DESCOBRINDO SEU PROPÓSITO ORDENADO POR DEUS

Talvez você não tenha recebido palavras proféticas desde seus cinco anos. Se você não cresceu em uma igreja profética, é provável que isso não tenha acontecido. Talvez você nunca tenha tido um encontro angelical para revelar os próximos passos em sua vida. A maioria das pessoas nunca teve. Talvez Jesus nunca tenha visitado você em seu quarto e lhe apresentado um plano de ação. Como, então, você pode descobrir seu propósito ordenado por Deus?

A descoberta de propósito parece ser um assunto delicado para muitos cristãos. Em outras palavras, é aqui que eles ficam presos. Fiquei chocada ao descobrir que, segundo um estudo do Barna and Summit Ministries, 54% de cristãos praticantes afirmam que "ninguém pode saber com certeza qual é o sentido e o propósito da vida".[3] (Essa é uma afirmação ousada e triste.) No entanto, segundo outro estudo do mesmo instituto, 90% dos cristãos concordam que ter um propósito claro é "muito desejável".[4] Você consegue enxergar o abismo? Não é nenhuma surpresa que tantos cristãos parecem estar tão miseráveis quanto o mundo.

O grande professor bíblico bahamiano e já falecido Myles Munroe estava certo quando disse que "a maior tragédia na vida não é a morte, mas uma vida sem propósito".[5] Como, então, podemos encontrar nosso propósito para trilhar o caminho certo rumo ao nosso destino profético? Muitos livros foram dedicados a essa pergunta, mas, se você espera andar na plenitude de seu propósito, precisa se esforçar para respondê-la para si mesmo e confiar que Deus falou com você.

Dito isso, sabemos como base de referência: "Porque somos criação de Deus realizada em Cristo Jesus para fazermos boas obras, as quais Deus preparou de antemão para que nós as praticássemos" (Efésios 2:10). Devemos conhecer a Deus e proclamá-lo espalhando o evangelho. Mas existe um propósito singular para a sua vida — e esse propósito não muda (Isaías 14:24,27; Efésios 1:11).

Se você estiver sobrecarregado com lutas ou confuso em sua busca, que isto lhe sirva como encorajamento: por mais que se esforce, o inimigo da sua alma não pode driblar completamente o seu propósito. José passou algum tempo no poço e na prisão, mas, no fim, acabou governando o Egito como inferior apenas a Faraó, e salvou muitas vidas em um período de fome mundial. Até mesmo Jó, em seus momentos mais sombrios, declarou: "Sei que podes fazer todas as coisas; nenhum dos teus planos pode ser frustrado" (Jó 42:2). Conhecemos o final da história de Jó. Deus o recompensou com o dobro por seu sofrimento (versículos 12-17).

Em meu livro *Dream Wild: Ignite Your Faith to Defy Impossibilities* [Sonho selvagem: inflando sua fé para desafiar o impossível], faço uma série de perguntas simples que têm ajudado muitas pessoas a descobrir seu propósito. Algumas delas são:

1. Imagine por um momento que dinheiro não é problema. O que você faria?
2. O que você faria se não pudesse fracassar?
3. O que você faria se estivesse livre de medos? O que faria se não temesse a reprovação de sua família e amigos? O que faria se não temesse a transição do conhecido para o desconhecido? O que faria se fosse destemido?

Essas perguntas são fortes pontos de partida para descobrir sua paixão, que está ligada ao seu propósito. Você também pode examinar seu coração para determinar o que provoca sua ira. Que injustiça você deseja corrigir? São as crianças que passam fome, é uma doença sem cura, é a falta de pregação do evangelho? A injustiça que comove você está, muitas vezes, vinculada ao seu propósito.

JESUS DÁ DONS A CADA UM

Todos nós temos dons. Alguns cristãos têm dons ministeriais, outros têm dons espirituais, e outros, ainda, têm dons do Reino. Muitos têm vários dons. Entender o que são esses dons é essencial para ser um servo bom e fiel, pois parte da fidelidade consiste em cultivar e praticar seus dons. Vejamos as diversas categorias de dons de acordo com as Escrituras. Durante a leitura destes versículos, peça que o Espírito Santo lhe mostre quais são os seus.

DONS MINISTERIAIS

Os dons ministeriais são chamados também de "os dons quíntuplos". Nós lemos sobre eles e seu propósito em Efésios 4:11-16:

E ele designou alguns para apóstolos, outros para profetas, outros para evangelistas, e outros para pastores e mestres, com o fim de preparar os santos para a obra do ministério, para que o corpo de Cristo seja edificado, até que todos alcancemos a unidade da fé e do conhecimento do Filho de Deus, e cheguemos à maturidade, atingindo a medida da plenitude de Cristo. O propósito é que não sejamos mais como crianças, levados de um lado para outro pelas ondas, nem jogados para cá e para lá por todo vento de doutrina e pela astúcia e esperteza de homens que induzem ao erro. Antes, seguindo a verdade em amor, cresçamos em tudo naquele que é a cabeça, Cristo. Dele todo o corpo, ajustado e unido pelo auxílio de todas as juntas, cresce e edifica-se a si mesmo em amor, na medida em que cada parte realiza a sua função.

DONS ESPIRITUAIS

Paulo também deixou claro, pela inspiração do Espírito, que todos nós temos dons espirituais:

Pelo Espírito, a um é dada a palavra de sabedoria; a outro, a palavra de conhecimento, pelo mesmo Espírito; a outro, fé, pelo mesmo Espírito; a outro, dons de cura, pelo único Espírito; a outro, poder para operar milagres; a outro, profecia; a outro, discernimento de espíritos; a outro, variedade de línguas; e ainda a outro, interpretação de línguas. Todas essas coisas, porém, são realizadas pelo mesmo e único Espírito, e ele as distribui individualmente, a cada um, conforme quer. (1Coríntios 12:8-11)

DONS DO REINO

Mesmo que haja alguma sobreposição entre os dons de 1Coríntios e os de Romanos 12, também existem diferenças:

Pois pela graça que me foi dada digo a todos vocês: ninguém tenha de si mesmo um conceito mais elevado do que deve ter; mas, pelo contrário, tenha um conceito equilibrado, de acordo com a medida da fé que Deus lhe concedeu. Assim como cada um de nós tem um corpo com muitos membros e esses membros não exercem todos a mesma função, assim também em Cristo nós, que somos muitos, formamos um corpo, e cada membro está ligado a todos os outros. Temos diferentes dons, de acordo com a graça que nos foi dada. Se alguém tem o dom de profetizar, use-o na proporção da sua fé. Se o seu dom é servir, sirva; se é ensinar, ensine; se é dar ânimo, que assim faça; se é contribuir, que contribua generosamente; se é exercer liderança, que a exerça com zelo; se é mostrar misericórdia, que o faça com alegria. (Romanos 12:3-8)

DESCOBRINDO SEUS DONS ESPIRITUAIS

Deus lhe dá dons espirituais e talentos naturais alinhados com seu propósito. Você pode vê-los como ferramentas para cumprir suas tarefas. Segundo 1Coríntios 12:7, cada um de nós tem, no mínimo, um dom espiritual. Muitas pessoas têm mais. Deus nos dá o que precisamos quando precisamos. 1Pedro 4:10 nos exorta: "Cada um exerça o dom que recebeu para servir aos outros, administrando fielmente a graça de Deus em suas múltiplas formas".

O fato de você não saber qual é o seu dom não significa que você não tenha um. Você simplesmente precisa identificá-lo e destravá-lo. Como, então, identificar o seu dom espiritual? Faça as seguintes perguntas a si mesmo e, então, ore:

+ O que você realmente gosta de fazer? O que lhe traz satisfação? Você gosta de tecnologia? Você gosta de interagir com pessoas? Curte números? É um exortador? Gosta de aconselhar? Quando estiver exercendo seus dons, você encontrará prazer nisso.

- O que você faz com facilidade? Em que você sente uma graça ou unção para servir? No que você sente a presença de Deus ou experimenta seu poder? Algumas pessoas são boas em muitas coisas. Preste atenção nas coisas em que você é naturalmente bom ou em que você se sente ungido. Essa é uma boa dica a seguir.

- Quais são as atividades em que você se empenha e em que você vê os maiores frutos? A verdade é que você pode julgar muitas coisas em sua vida pelo fruto que elas produzem. Falando em falsos profetas, Jesus disse que você os reconhecerá pelo seu fruto (Mateus 7:16). Examine o fruto.

- O que as outras pessoas dizem sobre seus dons? Segundo elas, você é bom em qual atividade? Ou em que você recebe encorajamento e elogios sinceros por seu serviço? Às vezes, as pessoas enxergam coisas em você que você não vê.

- Onde você se sente mais confortável? Talvez se sinta à vontade não falando em público, mas aconselhando outra pessoa individualmente. Contudo, lembre-se de que Deus exigirá que você vá além à medida que seguir o caminho de seu destino profético. Eu não me sentia à vontade falando em público, mas agora faço isso no mundo inteiro.

- Qual é a necessidade da igreja que Deus está apontando para você, a fim de que você ajude? Se sente que Deus está guiando você para ajudar em determinada área, isso significa que você tem a habilidade — ou que Deus lhe dará a habilidade — para fazê-lo.

- Em que você sente que está crescendo no serviço? Se tiver medo de fazer coisas na maior parte do tempo, é provável que seu dom não seja nessa área. (É claro que o inimigo pode simplesmente estar tentando afastar você do seu cargo.) Se você se anima, está contente e sente que está crescendo, encontrou seu lugar perfeito no serviço.

ABRAÇANDO SEU CHAMADO

Com a inspiração do Espírito Santo, Paulo revelou que somos chamados de acordo com o propósito de Deus (Romanos 8:28). A palavra *propósito* nesse versículo é reveladora. Ela vem da palavra grega *prothesis* e significa "propósito" ou "apresentação de uma coisa, colocando-a em vista". Quando Deus chama você, ele está se preparando para colocar seu propósito em exibição através de comissionamento.

É importante entender a diferença entre "propósito" e "chamado". Enquanto o dicionário *Merriam-Webster* define *propósito* como "algo estabelecido como objeto ou fim a ser alcançado; resolução; determinação", a palavra *chamado* é definida como "um forte impulso interior em direção a uma linha de ação específica, especialmente quando acompanhado pela convicção de influência divina; a vocação ou profissão em que alguém costuma se empenhar".

Duas pessoas podem ter o mesmo propósito, mas ser chamadas para realizá-lo de diferentes maneiras. Billy Graham pregou o evangelho em estádios. Todd White, da Lifestyle Christianity, prega nas ruas. Outros pregam na internet. Seu chamado é sua tarefa e, assim como seu propósito, foi determinado antes do seu nascimento. Vemos essa realidade em Jeremias 1:5, quando o Senhor falou a um jovem: "Antes de formá-lo no ventre eu o escolhi; antes de você nascer, eu o separei e o designei profeta às nações".

Como, então, você identifica seu chamado? Seus dons corresponderão a ele. Tim Tebow recebeu a força física e o talento para glorificar a Deus na arena esportiva, com sua proclamação de João 3:16 e sua franqueza em relação ao evangelho. Músicos, independentemente de entrarem no Reino ou não, têm o dom de liderar as pessoas em adoração. Empresários têm o dom de acumular riquezas para estabelecer o Reino de Deus na terra. Lembre-se: seu chamado pode ser dentro ou fora das quatro paredes de sua igreja local.

De novo, então: como você identifica seu chamado? Em termos práticos, faça um teste de vocação. Você pode encontrar esses testes de graça na internet ou pode fazer uma avaliação paga mais aprofundada, que lhe mostrará o que você não consegue enxergar por conta própria. Alternativamente, ou em combinação com esse teste, reflita de forma profunda sobre algumas das perguntas que mencionei:

- ✦ Quais são os dons e talentos que os outros veem em você?
- ✦ O que você gosta de fazer?
- ✦ O que lhe dá uma sensação de realização ou faz você sentir que está fazendo a diferença?
- ✦ O que lhe traz alegria?
- ✦ Em que área o inimigo mais se opõe a você?

Ser honesto consigo mesmo e gastar tempo refletindo sobre essas perguntas até obter respostas sólidas já colocará você no caminho de descobrir o seu propósito. Depois dessa reflexão, saia e experimente fazer coisas vinculadas à sua paixão. Aproveite oportunidades de servir em sua igreja, amplie seu papel no local de trabalho ou se dedique a novos *hobbies* para conhecer pessoas que têm interesses semelhantes aos seus. Coloque os pés no chão para que você possa crescer em sua paixão, e logo a descobrirá e começará a andar em seu propósito.

Foi o que eu fiz. Comecei em minha igreja local lambendo envelopes e varrendo o chão. Servi no ministério infantil. Fiz muitas coisas para o Senhor antes de reconhecer que o propósito dele para mim era comunicar sua Palavra através de muitas mídias. Mais adiante na estrada para o meu destino profético, comecei a plantar casas de oração nas nações. Foi algo que eu nunca tinha previsto. Minha tarefa mudou ou, no mínimo, expandiu.

Lembre-se: sua tarefa pode mudar, mas seu propósito e chamado não mudam. Eu sempre fui chamada para comunicar. Escrevi no mundo secular e no mundo cristão. Minha tarefa mudou para viajar o mundo, equipar os santos e fazer intercessões, mas, no fim das contas, a comunicação — com Deus e com o homem — é o fundamento do meu propósito e chamado.

ESPERANDO POR SEU COMISSIONAMENTO

Quando fui salva, tudo que queria fazer era escrever para Jesus. Eu tinha sido chamada, mas ainda não tinha sido comissionada. Tentei conseguir trabalho como escritora junto a cada revista cristã no mundo, mas eu não tinha conhecimento suficiente da Palavra de Deus para me qualificar. Assim, continuei a escrever textos para companhias da Fortune 500, como Microsoft, Amazon, Yahoo, IBM, CBS, Intercontinental Hotels, NetSuite, Pitney Bowes, MasterCard, Hyatt Hotels e Ryder.

Não, meu sucesso como escritora no mundo cristão não aconteceu de um dia para o outro — porque eu não tinha nada a dizer. Eu ainda não tinha muito da Palavra dentro de mim. Eu não estava familiarizada com os caminhos de Deus. Eu não tinha uma perspectiva profética sobre a vida. Mas eu não perdi a paciência. Em vez disso, comecei a me preparar. Estudei, orei e insisti. (Que isso lhe sirva como lição, qualquer que seja o campo em que espera receber uma chance.)

Como mencionei na introdução deste livro, dentro de dois anos fui nomeada editora de uma revista cristã internacional. Entrevistei muitos líderes cristãos proeminentes e comecei a escrever uma coluna sobre o serviço profético. Dois anos mais tarde, meus textos para essa coluna serviram como base para meu primeiro livro, *The Heart of the Prophetic* [O coração do profético]. Líderes importantes no movimento profético endossaram aquele livro. Fiquei chocada.

Evidentemente, a mão do Senhor estava sobre a minha vida para publicar as verdades de Deus.

A razão pela qual compartilho minha jornada pessoal com você é esta: muitas vezes, há um período de treinamento entre seu chamado e seu comissionamento. Esse período pode ser longo ou curto. Veja Jesus e seus discípulos. Jesus chamou seus discípulos (Mateus 4). Eles sempre tinham sido chamados para ser apóstolos, mas eram discípulos. Eles caminharam com Jesus, comeram com ele, serviram com ele e entenderam os caminhos do Reino.

Jesus escolheu doze apóstolos, identificou-os publicamente e os enviou a uma pequena missão (Mateus 10). Mais tarde, quando seu tempo na terra estava acabando, os comissionou para que continuassem sua obra:

> Então, Jesus aproximou-se deles e disse: "Foi-me dada toda a autoridade no céu e na terra. Portanto, vão e façam discípulos de todas as nações, batizando-os em nome do Pai e do Filho e do Espírito Santo, ensinando-os a obedecer a tudo o que eu lhes ordenei. E eu estarei sempre com vocês, até o fim dos tempos". (Mateus 28:18-20)

Em algum momento, você será formalmente identificado por seu pastor na igreja ou por seus colegas no mundo. Como fez com os apóstolos do Cordeiro, na maioria dos casos Deus começará usando você de maneiras pequenas antes de lançá-lo em um chamado mais visível. Isso é para sua própria segurança enquanto você aprende e cresce em seus dons e em seu caráter. Reflita sobre isso por um instante. O inimigo se opõe à vontade de Deus. Quando você abraça seu chamado, isso coloca um alvo em suas costas. Se sair correndo à frente da graça de Deus, você se expõe a mais ataques — e vivenciará bastantes lutas, mesmo sem convidar o inimigo para mirar em você.

LIGANDO OS PONTOS PARA ENXERGAR A IMAGEM COMPLETA

Escrever, porém, não foi a plenitude do trabalho da minha vida. Em 2002, um apóstolo profetizou sobre mim que eu seria uma "voz de autoridade de governo", e ele liberou essa voz. Em 2012, Deus me instruiu a fazer da oração o trabalho da minha vida. Em 2018, foi profetizado que eu teria um bastão para libertar nações e que seria levada para diante de governadores de terras. Eu estou andando em meu destino profético porque estou andando nas palavras proféticas que recebi. Descobri meu propósito através da palavra do Senhor — e ligando as palavras ao longo de muitos anos.

Deixe-me dar um passo para trás. No início, quando Deus me chamou para o ministério profético, eu não conseguia ver a floresta de tantas árvores. Na verdade, não entendia. O Espírito Santo estava jogando peças de quebra-cabeça proféticas ao longo do meu caminho, mas, como naquela época eu não tinha nenhum entendimento real do ministério profético nos dias de hoje, eu continuava andando por aí como se estivesse totalmente perdida.

Logo comecei a reconhecer um tema recorrente em minhas interações com o Senhor. Através dos livros que eu estava lendo, Deus me mostrava os sinais do meu chamado. Eu ainda estava insegura, e não falei com ninguém sobre isso. Dentro de alguns meses, alguém profetizou sobre mim em uma linha de oração, proclamando que eu era uma "voz de autoridade de governo". Eu não fazia ideia do que isso significava. Então, fui para casa e pesquisei cada palavra na Bíblia e no dicionário.

De forma sobrenatural, o Espírito Santo me levou para as mesmas passagens em três dos evangelhos que falam como João Batista era uma voz no deserto. Finalmente entendi a revelação. Mas isso foi só o começo.

Como mencionei em meu livro *Decoding Your Dreams* [Decifrando seus sonhos], tive uma série de sonhos com bebê ao longo dos anos, com intervalos de alguns anos entre cada um, e isso ofereceu dicas adicionais sobre o que eu estava dando à luz e o processo desconfortável pelo qual eu teria que passar para realizar o ministério profetizado. Agora estou caminhando na medida desses sonhos proféticos. Mas, como já disse, é progressivo.

Alguns anos atrás, quando eu estava adorando na International House of Prayer, em Atlanta, Deus ligou tantos pontos dentro de uns trinta minutos, que fiquei atônita. Isso me deu clareza suficiente para avançar para a próxima fase. No entanto, tenho certeza de que há muito mais que eu ainda não vejo. Muitas vezes, a revelação vem como uma enchente; então segue um período de seca antes da próxima enchente. Se você tivesse me dito dez anos atrás que eu estaria servindo nas posições em que estou hoje, é provável que eu não teria tido a fé necessária para acreditar nisso. No entanto, tive fé para atravessar o processo.

Não importa se Deus chamou você para o ministério profético ou para algo diferente; para que possa vislumbrar seu destino, muitas vezes você precisa ligar os "pontos proféticos". Isso pode levar anos, pois, quando começamos a entender que Deus está nos chamando, normalmente vislumbramos apenas o primeiro passo do nosso chamado.

É claro, Deus poderia abrir seus olhos espirituais e lhe mostrar a imagem completa — do início ao fim. Mas, na maioria das vezes, seu chamado progredirá e evoluirá como um desenho infantil de liga-pontos. Em outras palavras, talvez você reconheça o contorno da imagem, mas os detalhes que tornam a imagem digna de ser pendurada na geladeira ainda faltam.

A Bíblia diz: "Olho nenhum viu, ouvido nenhum ouviu, mente nenhuma imaginou o que Deus preparou para aqueles que o amam; mas Deus o revelou a nós por meio do Espírito. O Espírito sonda todas as coisas, até mesmo as coisas mais profundas de Deus" (1Coríntios 2:9-10).

Deus nos revela nosso chamado progressivo através do seu Espírito. Ele pode usar uma pessoa que profetize sobre você. Ele pode usar um sermão ou um livro para abrir seus olhos. Ele pode usar tarefas divinas para chamar sua atenção. O Espírito Santo lhe oferece ativamente dicas sobre o seu destino. Cabe a você ligar os pontos proféticos. Como, então, você pode ligar os pontos a fim de obter uma imagem mais clara de seu chamado e destino? Aqui estão três chaves simples, mas poderosas.

1. Seja um aluno da Palavra

Devemos permanecer fundamentados na palavra escrita de Deus. Deus fala conosco através de sua Palavra, esboçando princípios atemporais do Reino, mas ele também pode nos dar uma palavra *rhema*, que incita nosso espírito a avançar na direção de seu plano para a nossa vida. Enquanto a palavra escrita — ou *logos* — renova nossa mente, uma palavra *rhema* — passagem através da qual Deus fala diretamente ao nosso coração sobre uma situação atual — pode rapidamente dar uma nova direção para a nossa vida. Eu encorajo você a ser um aluno da Palavra (2Timóteo 2:15).

2. Ore no Espírito

Você pode orar no Espírito em sua língua materna, mas aqui estou falando sobre orar em sua língua celestial — a língua que você recebeu quando foi batizado no Espírito Santo. Quando oramos no Espírito, fazemos orações perfeitas (Romanos 8:26).

Acredito que também ativamos o próximo passo em nosso destino profético mesmo que não estejamos cientes disso. Paulo escreveu: "Pois quem fala em língua não fala aos homens, mas a Deus. De fato, ninguém o entende; em espírito fala mistérios" (1Coríntios 14:2). Lembro-me de quando um homem muito sábio me explicou que, se eu orasse em línguas e meditasse sobre a Palavra, essa combinação liberaria o destino profético de Deus em minha vida. Ele estava certo. Se funcionou comigo, funcionará também com você. Deus não favorece ninguém (Atos 10:34).

3. Anote as palavras proféticas que receber

Quando o Espírito Santo falar com você por meio de um sonho, uma visão, uma impressão, uma pequena voz silenciosa ou outra pessoa — não importa como ele fale —, anote. É muito mais fácil ligar os pontos proféticos quando você tem uma história profética à qual recorrer. Muitas vezes recebemos palavras proféticas e ficamos entusiasmados no momento, mas logo nos esquecemos de tudo. Crie uma crônica dos momentos proféticos em sua vida.

Em geral, permaneça sensível ao Espírito Santo. Permaneça conectado com pessoas — especialmente com pessoas mais velhas e mais sábias no Senhor do que você. Muitas vezes Deus opera através de pessoas para levá-lo para onde ele quer que você vá. Saiba quando compartilhar o que o Senhor lhe disse e quando manter sua boca bem fechada até a promessa se manifestar. Lembre-se de José. Ele compartilhou cedo demais, acabou sendo jogado no fundo de um poço e, depois, em uma prisão.

Tenha coragem. Não importa quão jovem ou idoso você seja, quanta educação tenha ou quão rico seja, posso garantir-lhe que Deus tem um plano maravilhoso para a sua vida e está trabalhando ativamente para compartilhar aos poucos esse plano com você. Se ele lhe revelasse todo o seu destino profético de uma só vez, o inimigo viria como um dilúvio para tentar destruir os planos de Deus — e você poderia ser esmagado pela batalha. Ao revelar seu propósito progressivamente, Deus pode proteger seu destino profético enquanto prepara você para cumpri-lo.

Se você estiver confuso em relação ao seu propósito, deixe que esta palavra da profecia do Senhor encoraje seu coração. O Senhor diria:

Aprofunde-se em mim, eu o desvelarei para você. Aprofunde-se em meu coração em um nível mais profundo. Pare de tentar entender tudo sozinho. Não está em sua mente. Está na minha. Eu compartilharei a minha mente com a sua quando você se livrar da bagunça em seu coração, quando você tirar a bagunça do caminho, quando você parar de correr atrás de coisas que os outros têm, quando você começar a entender que meu propósito e meu chamado para você não são iguais ao que você vê em seu vizinho, em sua irmã, em seu irmão, quando você começar a parar de tentar ser igual aos outros, quando você parar de tentar obter a graça que está sobre a vida de outra pessoa e começar a recorrer à minha graça para a sua vida.

Uma armadilha comum do inimigo é fazer você olhar para os outros, se comparar com eles, desejar ser outra pessoa e ter para si uma unção que não é sua. Deus criou você como um ser único. Seu destino é único e importante para Deus e seu Reino.

CAPÍTULO 2

ESTOU COM MEDO!

Quando vi como meu destino profético começava a se desdobrar, senti como se estivesse em uma montanha-russa. Em primeiro lugar, era difícil acreditar que Deus poderia me usar para outra coisa senão o jornalismo. Eu não tinha previsto o ministério profético. Quando ele finalmente me convenceu do meu propósito, fui humilhada, depois senti-me entusiasmada e, finalmente, apavorada.

Eu temia que, se me entregasse completamente à vontade de Deus para a minha vida, perderia tudo o que tinha construído no mercado secular como escritora. Pensei que seria perseguida. Pensei que viveria em pobreza. Fato é que o inimigo se divertiu muito com a minha alma, especialmente quando li o clássico *O livro dos mártires*, que descreve as mortes terríveis de cristãos de séculos atrás. Sim, eu sei. Eu estava sendo dramática. O medo lhe dá uma imaginação desenfreada!

Lembre-se: quando Deus desvelou meu destino profético, eu era uma jornalista secular. Apesar de ter o sonho de escrever para o Senhor, de repente a possível perseguição que acompanharia minha manifestação como uma cristã enérgica, cheia do Espírito e domadora de demônios me abalou. Eu tinha certeza de que perderia meus clientes da Fortune 500 se eles soubessem que eu escrevia sobre espíritos como Jezabel. Eu temia que os jornais — que têm fama de ser liberais — deixassem de me contratar para escrever se descobrissem minha visão de mundo bíblica. Na minha lista de amigos no Facebook predominavam os clientes de negócios, por isso não publicava meus artigos "cristãos" ali.

Não me entenda errado: eu não estava negando Cristo. Eu não estava escondendo meu cristianismo. Eu só não estava exibindo meus artigos e livros ousados. Então, certo dia, suponho que o Senhor estava preparado para lidar com meu medo. Enquanto eu orava na minha varanda, ele me disse: *Eu quero seu coração*. Essa declaração me surpreendeu, e eu respondi: "Senhor, tu tens meu coração". Eu me senti como Pedro, quando Jesus não parava de perguntar a ele: "Pedro, tu me amas?" (João 21:15, paráfrase). Eu não entendia, e fiquei perturbada.

Finalmente, após um momento de silêncio, ele falou novamente: *Quero todo o seu coração*. Primeiro fiquei perplexa, mas a convicção não demorou a chegar — e então veio uma revelação. Eu tinha me recusado a entregar a ele um pedaço do meu coração, porque eu temia a sua vontade. A perspectiva de perder o que eu tinha construído no mundo dos negócios e a segurança financeira que ele oferecia me assustava. Aos poucos, meu Senhor gracioso me ajudou a atravessar o medo.

Aos poucos, ele me conduziu para fora do mundo dos negócios. Eu desisti dos meus clientes da Fortune 500 e do dinheiro que eles traziam, e fui servir na equipe de redação da revista *Charisma* e escrever livros. Passei a ganhar um terço do meu salário no mundo, mas eu era passional em relação a isso, e o Senhor abriu outros caminhos em minhas finanças.

Servi na *Charisma* por oito anos, até que o Senhor me chamou para encarar a próxima fase do meu destino profético: o ministério em tempo integral. Eu hesitei diante do chamado. Apesar de ter servido no ministério desde 2002, isso sempre tinha sido bivocacional. Até mesmo na *Charisma* eu tinha sido bivocacional. Eu tinha a segurança de um salário. Agora, Deus estava me chamando para deixar também isso para trás.

Em 2017, entreguei-me completamente ao destino profético na minha vida quando pedi demissão da *Charisma* e passei a depender totalmente de Deus. Posso lhe garantir que valeu a pena. Tenho certeza de que muitas pessoas nunca abraçam seu chamado por causa do medo. Existe o medo da vontade de Deus, o medo do ataque inimigo e muitos outros que surgem quando você aposta tudo no Senhor. Eu aprendi a encarar o medo e a continuar andando no meu destino profético.

VOCÊ TEM MEDO DA VONTADE DE DEUS?

Quando Deus chamou Jeremias para seguir seu destino profético, ele ficou apavorado e começou a inventar desculpas, dizendo que era jovem demais para atender ao chamado. Deus discerniu o medo do jovem e ofereceu um conselho: "Não tenha medo deles, pois eu estou com você para protegê-lo" (Jeremias 1:8).

Sim, Jeremias sofreu perseguição ao cumprir seu chamado, mas Deus estava com ele. Quando cumprimos a vontade de Deus, a perseguição está garantida. Inspirado pelo Espírito Santo, Paulo escreveu: "De fato, todos os que desejam viver piedosamente em Cristo Jesus serão perseguidos" (2Timóteo 3:12). Não há como escapar disso. Mas não precisamos temer. O medo abre a porta para o inimigo.

Nas páginas da Bíblia, vemos pessoas que tinham medo da vontade de Deus desde Moisés e Gideão até Maria, quando o anjo do Senhor veio para lhe anunciar que ela daria à luz o Messias (Lucas 1:30). Até Jesus procurou uma maneira de escapar antes de seguir à cruz para sofrer uma morte terrível a fim de cumprir seu destino profético — mas ele estava disposto a cumprir a vontade de seu Pai. Lemos as palavras de Cristo em Lucas 22:42: "Pai, se queres, afasta de mim este cálice; contudo, não seja feita a minha vontade, mas a tua".

O que muitas pessoas deixam de mencionar é o versículo seguinte: "Apareceu-lhe então um anjo do céu que o fortalecia". Quando você concentra seu coração em fazer a vontade do Pai e em seguir o seu destino profético, você encontra força. A paz verdadeira é encontrada no centro da vontade de Deus, e não há nada a temer. Jeremias 29:11 nos garante: "'Porque sou eu que conheço os planos que tenho para vocês', diz o Senhor, 'planos de fazê-los prosperar e não de lhes causar dano, planos de dar-lhes esperança e um futuro'". A Bíblia diz que a vontade de Deus é boa, perfeita e agradável (Romanos 12:2). Quando você faz a vontade de Deus, recebe suas promessas (Hebreus 10:36).

Uma forma de superar o medo da vontade de Deus é cultivar um temor saudável do Senhor em seu coração. Vamos definir o temor do Senhor analisando algumas palavras gregas e hebraicas. Uma definição da palavra hebraica *yare* é "temer", "respeitar", "reverenciar". O dicionário *Vine* define temor como "não um mero 'medo' de seu poder e de sua justa retribuição, mas um pavor saudável de desagradar a ele". Isso é intenso!

Temer ao Senhor é odiar o mal; odeio o orgulho e a arrogância, o mau comportamento e o falar perverso. (Provérbios 8:13)

O temor do Senhor é o princípio da sabedoria, e o conhecimento do Santo é entendimento. (Provérbios 9:10)

O temor do Senhor é o princípio do conhecimento, mas os insensatos desprezam a sabedoria e a disciplina. (Provérbios 1:7)

O Senhor confia os seus segredos aos que o temem. (Salmos 25:14)

Nada falta aos que o temem. (Salmos 34:9)

Há uma forte confiança e uma fonte de vida no temor do Senhor. (Provérbios 14:26-27, paráfrase)

A recompensa da humildade e do temor do Senhor são a riqueza, a honra e a vida. (Provérbios 22:4)

Eu poderia continuar citando passagens que falam sobre os benefícios de cultivar o temor do Senhor em seu coração, mas talvez conhecer as consequências da desobediência nos ajude a nos entregar. Quando conhecemos a vontade de Deus, mas não a cumprimos, abandonamos nosso destino profético e entramos na enganação (Tiago 1:22).

Assim como a desobediência a limites de velocidade pode resultar em multas altas, a desobediência a Deus também pode lhe custar caro. Ela pode causar confusão em sua vida, destruir sua paz, roubar sua alegria e acabar em perda, conflito, arrependimento e até mesmo desastre. O inimigo planta uma semente de medo em seu coração para impedir que você entre em seu destino profético. Temor reverente do Senhor traz revelação do amor de Deus. Traz revelação do poder de Deus. Traz revelação da verdade da Palavra de Deus. E tudo isso vem embrulhado no temor do Senhor!

Eu desafio você hoje a meditar sobre o temor do Senhor. O medo é um inimigo feroz, mas Deus é mais feroz do que qualquer espírito de medo. "Se Deus é por nós, quem será contra nós?" (Romanos 8:31). Jeremias 20:11 diz: "Mas o Senhor está comigo, como um forte guerreiro! Portanto, aqueles que me perseguem tropeçarão e não prevalecerão. O seu fracasso lhes trará completa vergonha; a sua desonra jamais será esquecida". E Naum 1:2 nos garante: "O Senhor é Deus zeloso e vingador! O Senhor é vingador! Seu furor é terrível! O Senhor executa vingança contra os seus adversários e manifesta o seu furor contra os seus inimigos". Amém!

Se você tiver medo da vontade de Deus, faça esta oração:

Pai, eu me arrependo do meu medo. Tu não me deste um
espírito de medo, mas de poder, amor e uma mente sã. Ensi-
na-me a fazer a tua vontade, pois tu és o meu Deus; que o teu
bondoso Espírito sempre me conduza. Que venha o teu Reino.
Que a tua vontade seja feita em minha vida, e que aconteça
comigo conforme a tua palavra, em nome de Jesus. Amém.

VOCÊ TEM MEDO DO ATAQUE INIMIGO?

Eu nunca tive medo dos meus adversários espirituais, provavelmente porque fui preparada para o ministério em uma igreja que ressaltava fortemente a luta espiritual. Sempre me senti bastante capaz de combater os gigantes ou quaisquer outros inimigos na minha Terra Prometida. Porém, muitos cristãos acreditam que o inimigo os matará, roubará e destruirá se eles entrarem em seu destino profético. É verdade, o inimigo vem para fazer essas três coisas (João 10:10). Mas nós não precisamos ter medo dele.

Sim, nós temos inimigos espirituais. 1Pedro 5:8 nos diz abertamente: "Sejam sóbrios e vigiem. O diabo, o inimigo de vocês, anda ao redor como leão, rugindo e procurando a quem possa devorar". Paulo nos disse que não devemos ignorar os truques do diabo e explicou que lutamos contra príncipes, poderes, senhores das trevas desta era e iniquidade espiritual em lugares altos. Mas Tiago, o apóstolo da fé prática, nos oferece uma estratégia fundamental de guerra espiritual: submeta-se a Deus, resista ao diabo, e ele fugirá de vós (Tiago 4:7). Falarei mais sobre isso em um dos próximos capítulos.

Você não pode ser totalmente submisso a Deus e ter medo do diabo ao mesmo tempo. Sim, sabemos que demônios podem afligir pessoas (Marcos 9:17). Sabemos que demônios podem trazer morte e destruição (Juízes 9:23). Sabemos que os demônios podem nos atacar de muitas formas diferentes. Mas demônios têm pavor de Cristo (Mateus 8:39) e são obrigados a nos obedecer em seu nome

(Mateus 8:32). Não precisamos ter medo deles quando entramos em nosso destino profético.

Jesus reuniu seus discípulos e lhes deu autoridade sobre espíritos impuros (Mateus 10:1). Se você é um discípulo de Cristo, você tem autoridade sobre os poderes demoníacos. Simples assim. O único poder que o inimigo tem sobre você é o poder que você dá a ele. Ceder ao medo é uma maneira de dar poder ao inimigo. Sim, Jesus deu a você sua Palavra que nunca falha, ele lhe deu seu nome, seu sangue, suas armas, sua armadura, seus dons espirituais, sua natureza divina, sua fidelidade, sua bênção, as chaves para o seu Reino e sua autoridade. Na verdade, Jesus disse: "Eu lhes dei autoridade para pisarem sobre cobras e escorpiões, e sobre todo o poder do inimigo; nada lhes fará dano" (Lucas 10:19).

No mundo, *autoridade* significa poder de influência para ordenar um pensamento, uma opinião ou um comportamento. Mas a palavra grega para *autoridade* em Lucas 10:19 é *exousia*, que significa "autorização". Essa palavra se refere à autoridade que Deus dá aos seus santos — autorizando-os a agir na medida em que são orientados pela fé (sua palavra revelada). Autoridade é o poder para executar a Palavra de Deus. Quando Deus fala, somos autorizados a agir. Deus nos deu autoridade para executar sua vontade e agir contra o ataque do inimigo.

Exousia também significa "poder físico e mental; a capacidade ou força com que alguém é dotado, que ele possui ou exerce". Quando Deus autorizou você, ele lhe deu o poder físico e mental, a habilidade e a força para seguir seu destino profético. Apesar de não podermos encarar o diabo por conta própria, Jesus nos autorizou a usarmos seu nome. E esse nome é poderoso.

> Por isso Deus o exaltou à mais alta posição e lhe deu o nome que está acima de todo nome, para que ao nome de Jesus se dobre todo joelho, no céu, na terra e debaixo da terra, e toda língua

confesse que Jesus Cristo é o Senhor, para a glória de Deus Pai. (Filipenses 2:9-11)

É o poder no nome de Cristo que apoia a nossa autoridade delegada. O diabo é obrigado a se curvar diante do Cristo em nós quando exercemos nossa autoridade. Imagine o policial que controla o trânsito: o distintivo lhe dá a autoridade para parar você. Ele levanta o braço, e você para. Ele não tem o poder físico em seu corpo para pará-lo; você poderia atropelá-lo se quisesse. Mas aquele policial confia que você não fará isso. Você para porque reconhece a autoridade dele de parar você. Você sabe que, se não para quando ele manda parar, você está fazendo algo ilegal e pagará um preço por isso. O policial exerce sua autoridade apoiando-se no governo natural que lhe deu o poder. Na esfera espiritual, exercemos nossa autoridade apoiando-nos no governo sobrenatural — o Reino de Deus — que nos deu o poder.

Smith Wigglesworth, um homem que ressuscitou várias pessoas dentre os mortos no início do século 20 e agia com poder curador, ilustrou de forma dramática como as coisas mudam quando usamos nossa autoridade em Cristo:

Certo dia um cachorro seguiu uma senhora para fora de sua casa e ficou correndo em volta dela. Ela disse ao cachorro: "Hoje não posso levá-lo comigo". O cachorro abanou o rabo e agitou-se muito. Ela disse: "Vá para casa, meu amor". Mas o cachorro não foi. Finalmente, ela gritou irritada: "Vá para casa!", e ele foi. Algumas pessoas tratam o diabo dessa forma. O diabo suporta todo conforto que você está disposto a dar para ele. Expulse-o! Você não está lidando com uma pessoa; você está lidando com o diabo. [...] (Ele) precisa ser banido no nome do Senhor.[1]

DISCERNINDO ATAQUES DE MEDO

Você pode enfrentar muitos outros tipos de medo quando entrar em seu destino profético: medo da solidão, da carência, da perda, do preço a ser pago; medo de sofrer, de arriscar, de perder Deus ou perder o controle; medo de fracassar, de parecer tolo, de ser perseguido e outros tantos. Deus não quer que tenhamos medo, nem mesmo um pouco, pois o medo contamina a nossa fé. Não podemos agir em fé ao mesmo tempo que agimos com medo — a fé é a moeda do Reino.

Se você quiser encontrar o Senhor e ouvi-lo dizer: "Muito bem, meu servo bom e fiel", terá que discernir e resistir ao medo na forma em que ele se apresentar, ou esse medo vai barrar o seu caminho e você não alcançará seu destino profético. Às vezes, nem sabemos o que nos assusta. Às vezes, não conseguimos reconhecer que o medo está roubando nosso impulso em direção ao nosso destino profético. Como, então, você pode discernir se o medo é o culpado?

Às vezes, o medo se disfarça como pavor. Você não pode permitir que o pavor permaneça em sua cabeça; você precisa expulsá-lo! O dicionário *Merriam-Webster* define *pavor* como "relutância extrema de encontrar ou encarar" e "desconforto extremo diante de uma perspectiva desagradável". Onde há pavor, o medo está próximo. Pavor e medo são primos.

O medo pode se disfarçar de procrastinação, que é o adiamento intencional de algo que você sabe que precisa fazer. Mesmo que a procrastinação possa ter suas raízes na preguiça, muitas vezes ela tem raízes no medo de falhar ou no medo de um desempenho insuficiente. Onde há procrastinação, quase sempre há também medo.

O medo pode alimentar a ansiedade, que o dicionário define como "desconforto apreensivo ou nervosismo, normalmente diante de um mal iminente ou esperado". A Bíblia chama isso de *presságio*. Em Provérbios 15:15 lemos: "Todos os dias do oprimido são infelizes [por causa de pensamentos ansiosos e presságios], mas o coração bem-disposto está sempre em festa [não importam as circunstâncias]". Um presságio é "uma convicção interior" (de algo como, por exemplo, um mal ou infortúnio vindouro) Quando você ouve ressalvas negativas em sua mente, isso é sinal de medo, ansiedade e maus presságios.

O medo pode se manifestar como recusa de se dedicar a algo ou alguém. Ele pode se manifestar como perfeccionismo e levar você a querer agradar às pessoas — a dizer "sim" quando deveria dizer "não" e a dizer "não" quando deveria dizer "sim". O medo pode levá-lo a buscar uma maneira de fugir. Ele pode paralisá-lo através daquilo que eu chamo de "paralisia de análise".

Devo continuar? O medo pode levar você a controlar e manipular. Ele pode silenciá-lo. Pode fazer com que você recue da intimidade com Deus. Se você estiver fazendo qualquer uma dessas coisas, a causa pode ser o medo. Finalmente, o medo pode levá-lo a se contentar com menos do que o destino profético de Deus para a sua vida.

LUTANDO CONTRA O ESPÍRITO DE MEDO

Você enfrentará o medo independentemente da forma que ele assumir? Ou permitirá que esse espírito maligno lhe passe a perna? Precisamos aprender a reconhecer o medo desde o início. Devemos vencer o medo, ou o medo nos vencerá.

Talvez você seja como eu. Talvez tenha tido alguns encontros com o medo que quase afastaram você da vontade de Deus. Ou talvez não tenha recebido as promessas de Deus porque a voz sutil do medo o convenceu a duvidar de que Deus o faria por você. Ou talvez o medo se manifeste através de raiva, estresse ou outra emoção. Não se deixe enganar: o medo é a raiz de muitos de nossos pensamentos e sentimentos ímpios.

Comecemos meditando sobre 2Timóteo 1:7 em suas diversas traduções. Se você conseguir absorver essa verdade, estará livre do medo em todas as suas manifestações.

Pois Deus não nos deu espírito de covardia (de timidez, de medo adulador), mas (ele nos deu um espírito) de poder, de amor e de equilíbrio. (NVI)

Porque Deus não nos tem dado espírito de covardia, mas de poder, de amor e de moderação. (ARA)

Pois o Espírito que Deus nos deu não é de covardia, mas de poder, de amor e de equilíbrio. (NBV)

Pois o Espírito que Deus nos deu não nos torna medrosos; pelo contrário, o Espírito nos enche de poder e de amor e nos torna prudentes. (NTLH)

Pois Deus não nos deu o espírito de timidez, mas de força, de amor e de prudência. (TB)

Então, como vencemos o medo? A Bíblia diz que Deus não nos deu um espírito de medo, mas nos deu três coisas para combatê-lo. Ele nos deu *poder*, *seu amor* e uma *mente sã*. O que o Senhor me mostrou foi isto: nós vencemos o medo com o poder do Espírito Santo. É com esse poder que resistimos ao medo e o banimos. Nossa força de vontade não basta para enfrentar o espírito do medo, mas o Espírito da Verdade é mais do que capaz de derrubar o medo e mantê-lo no chão. Deus nos deu seu poder, sua autoridade, sua unção. Cabe a nós usá-los diante do medo.

Semelhantemente, Deus nos deu seu amor. O amor de Deus é perfeito. É a revelação desse amor que expulsa o medo e seu tormento. Quando você sentir medo, comece confessando o amor de Deus por você. (Ninguém jamais disse que você nunca sentirá medo, mas isso não significa que precisa ceder a ele.) Lembre-se do amor perfeito de Deus por você e você trocará sua ansiedade pela paz de Deus que excede todo entendimento.

Finalmente, Deus nos deu uma mente sã. Eu gosto de entender isso da seguinte maneira: Deus nos deu a mente sã de Cristo. Cristo não temia nada. O mundo tem tribulações, mas não devemos ter medo. Devemos ter bom ânimo porque Cristo venceu o mundo. Temos a mente de Cristo, e esta é a vitória que vence o mundo e o medo que corre solto nele: a nossa fé. Não temas (João 16:33)!

CAPÍTULO 3
DESAPEGAR E AVANÇAR

Desde criança, tenho dificuldades de me desapegar de pessoas e lugares. No Ensino Fundamental, fiquei devastada quando minha melhor amiga se mudou para outra cidade. Como adulta, tenho demonstrado uma obediência lenta para abandonar relacionamentos e compromissos profissionais claramente sazonais. Até fiquei dois anos além do tempo numa igreja tóxica porque não conseguia me desapegar daquilo que tinha construído ali.

Nesta fase da minha caminhada com Deus, finalmente entendi a revelação de que não há tempo a perder. Se eu quiser ouvir meu Senhor dizer: "Muito bem, serva boa e fiel" no Dia do Juízo, preciso permitir que o Espírito Santo me conduza e guie pelas transições da vida, sem espernear e gritar. Preciso aproveitar o tempo, porque os dias são maus (Efésios 5:16), e tratar dos negócios do meu Pai enquanto ainda houver luz (Lucas 2:49).

Entendo agora a essência das palavras do apóstolo Paulo em Filipenses 3:12-15:

> Não que eu já tenha obtido tudo isso ou tenha sido aperfeiçoado, mas prossigo para alcançá-lo, pois para isso também fui alcançado por Cristo Jesus. Irmãos, não penso que eu mesmo já o tenha alcançado, mas uma coisa faço: esquecendo-me das coisas que

ficaram para trás e avançando para as que estão adiante, prossigo para o alvo, a fim de ganhar o prêmio do chamado celestial de Deus em Cristo Jesus. Todos nós que alcançamos a maturidade devemos ver as coisas dessa forma, e se em algum aspecto vocês pensam de modo diferente, isso também Deus lhes esclarecerá.

Após tantas transições lentas e uma falta de disposição para desapegar que estava me destruindo, decidi avançar no plano de Deus para a minha vida. Decidi esquecer a dor — e até mesmo os prazeres — do passado e fixar meus olhos no prêmio, sabendo que os olhos amorosos de Deus estão fixados em mim.

Tomei a decisão de qualidade de alcançar meu destino profético, cumprindo o plano perfeito de Deus para a minha vida. É por isso que, no fim de cada ano, eu faço um balanço dos tempos bons e dos tempos maus e agradeço a Deus por tudo. Tenho o cuidado de deixar o passado no passado e planejar os próximos passos numa jornada empolgante. Eu me recuso a olhar para trás.

O PERIGO DE OLHAR PARA TRÁS

Quando eu era criança, minha avó costumava ler histórias bíblicas para mim — e não eram de livros com letras grandes e desenhos coloridos. Estou falando de leituras sóbrias da Versão King James, passagens de sua Bíblia com capa de couro branco e manchada de lágrimas. Visto que eu era muito nova, a única passagem de que lembro claramente era sobre a esposa de Ló. Ela deixou uma impressão eterna em mim.

A destruição de Sodoma e Gomorra é um dos relatos mais dramáticos da Bíblia. Após a intercessão de Abraão para poupar a cidade, Deus enviou anjos para resgatar Ló, seus amigos e sua família antes da chuva de fogo e enxofre. Esses anjos escoltaram Ló, sua esposa e suas duas filhas para fora da cidade e instruíram: "Fuja por amor à vida! Não olhe para trás e não pare em lugar nenhum da planície! Fuja para as montanhas, ou você será morto" (Gênesis 19:17). Mas a tentação foi grande demais para a esposa de Ló. O versículo 26 revela as consequências perigosas de olhar para trás: "Mas a mulher de Ló olhou para trás e se transformou numa coluna de sal".

Como a esposa de Ló, muitos cristãos são paralisados pelo passado. Nos tornamos paraplégicos espirituais, por assim dizer — incapazes de avançar porque o medo de que uma história desagradável possa se repetir se apoderou de nossa alma. Desistimos dos sonhos que Deus colocou em nosso coração por causa de eventos traumáticos na vida arranjados pelo maligno, que vem para roubar, matar e destruir. Temos medo de seguir o destino profético que o Senhor pronunciou sobre a nossa vida — às vezes mais de uma vez. Como a esposa de Ló, continuamos a olhar para trás, para a morte e destruição e, figuradamente, nos transformamos em estátuas de sal, congeladas no tempo.

Considerando que Jesus nos instruiu a "lembrar da esposa de Ló" no fim dos tempos, sou grata pela impressão precoce que essa história deixou gravada em mim (Lucas 17:32). Fato é que o destino da esposa de Ló tem ardido em minha mente por décadas. O Espírito Santo me lembra desse versículo em momentos-chave quando preciso queimar as pontes para o meu passado ou correr o perigo de paralisar minha alma com pensamentos e lembranças de coisas que o Senhor quer claramente que eu abandone.

Você já deve ter ouvido que a grama do vizinho é sempre mais verde. Sabemos que isso não é totalmente verdade. Mas, quando Deus nos tira de um lugar familiar — até mesmo de lugares dos quais imploramos que ele nos libertasse —, é tentador olhar para trás ou até mesmo dar meia-volta e voltar para lá. Os filhos de Israel enfrentaram essa tentação. Quando as coisas ficaram difíceis, os israelitas quiseram voltar para sua escravidão. Lembre-se do relato em Êxodo 16:1-3. O mesmo grupo de pessoas que estava clamando para ser liberto de Faraó estava ansioso para voltar:

Toda a comunidade de Israel partiu de Elim e chegou ao deserto de Sim, que fica entre Elim e o Sinai. Foi no décimo quinto dia do segundo mês, depois que saíram do Egito. No deserto, toda a comunidade de Israel reclamou a Moisés e Arão. Disseram-lhes os israelitas: "Quem dera a mão do Senhor nos tivesse matado no Egito! Lá nos sentávamos ao redor das panelas de carne e comíamos pão à vontade, mas vocês nos trouxeram a este deserto para fazer morrer de fome toda esta multidão!"

E novamente em Números 11:4-6:

Um bando de estrangeiros que havia no meio deles encheu-se de gula, e até os próprios israelitas tornaram a queixar-se, e diziam: "Ah, se tivéssemos carne para comer! Nós nos lembramos dos peixes que comíamos de graça no Egito, e também dos pepinos, das melancias, dos alhos-porós, das cebolas e dos alhos. Mas agora perdemos o apetite; nunca vemos nada, a não ser este maná!"

Deus estava fazendo uma coisa nova na vida dos israelitas. Ele estava os conduzindo para o seu destino profético. Ele estava os conduzindo para sua Terra Prometida revelada pela primeira vez em Êxodo 3:8: "Por isso desci para livrá-lo das mãos dos egípcios e tirá-los daqui para uma terra boa e vasta, onde manam leite e mel". Deus estava manifestando a aliança que ele tinha feito com Abraão, Isaque e Jacó.

Os filhos de Israel não conseguiam enxergar o futuro, porque o passado estava turvando sua visão. Quando as coisas ficaram difíceis, de alguma forma eles romantizaram a opressão do passado em vez de olhar para frente, para a Terra Prometida. A despeito do milagre do mar Vermelho, da nuvem durante o dia, do fogo durante a noite, do maná do céu e das codornas, eles estavam dando ouvidos à voz do passado, que os cortejava para que voltassem.

NÃO HÁ GRAÇA EM CHAFURDAR-SE NO PASSADO

Deus simplesmente não nos dá a graça para chafurdar-nos no passado ou agarrar-nos a algo que ele quer que soltemos. Quando nos recusamos a soltar, estamos prejudicando não só a nós mesmos, mas também outras pessoas. Podemos estar obstruindo o momento oportuno de outra pessoa por não estarmos no nosso lugar certo, na nossa hora certa.

Viajo muito e passo muito tempo em aeroportos. Parece que todos estão com pressa, correndo de um portão para outro — eu mesma, muitas vezes, faço isso. Certa vez, no Aeroporto Internacional Hartsfield-Jackson, em Atlanta, vi um homem correndo em minha direção, mas ele estava olhando para trás enquanto seguia em frente.

Fiz o que pude para sair do caminho dele e evitar o que eu via como uma colisão dolorosa iminente. Mas ele estava correndo erraticamente em zigue-zague enquanto se aproximava cada vez mais. Não estava seguindo em linha reta, porque não olhava para onde ia. Ele estava concentrado em algo atrás dele, em um lugar pelo qual já tinha passado.

É claro que, no fim das contas, ele acabou se chocando contra mim, e aquilo doeu! Você deve imaginar que ele pediu perdão e começou a olhar para frente, mas a verdade é que ele mal parou para ver se eu estava bem e continuou correndo olhando para trás. Não sei quantas outras pessoas mais ele atropelou e machucou em seu caminho.

O Espírito Santo me mostrou que esse é o problema de muitas pessoas no corpo de Cristo nos dias de hoje. Elas estão correndo — tentando completar sua corrida em Cristo —, mas estão olhando para trás. Por estarem preocupadas demais com aquilo que o inimigo fez na estação passada, não conseguem ver para onde o Senhor está tentando levá-las. Mas não é só isso: elas estão tropeçando em coisas e causando ainda mais dor a si mesmas e a outras pessoas ao longo do caminho.

Talvez você esteja carregando mágoas e feridas do passado. Você não se livra delas e não se permite crescer com a experiência que viveu, porque fica olhando para trás, para as pessoas e circunstâncias que esmagaram seu coração. Você fica repetindo o passado em sua mente como se fosse um disco arranhado. Por causa da abundância de amargura e ressentimento em nosso coração, nossa boca cospe um veneno que nos contamina. E permanecemos menos do que eficazes na proclamação do Reino de Deus, porque nos recusamos a enterrar os mortos e a despedir-nos do passado. A boa notícia é que Jesus é nosso médico no passado, no presente e no futuro.

Contudo, há também a vergonha por causa de pecados passados — uma doença espiritual que corre solta no corpo de Cristo. Visto que não entendemos o coração do Pai, nós nos reviramos numa mistura de culpa e condenação e não nos sentimos dignos de sair disso para entrar nas coisas de Deus. Quando Jesus disse: "Ninguém que põe a mão no arado e olha para trás é apto para o Reino de Deus", eu não acredito que ele estava condenando alguém que olhou para trás (Lucas 9:62). Acredito que ele estava nos alertando sobre o perigo de olhar para trás. Por quê? Porque olhar para trás nos torna espiritualmente inaptos para o trabalho do Reino. Quando olhamos para trás, estamos deixando o Reino de Deus para amanhã. Fé é agora. A boa notícia é que Jesus tomou sobre si toda a nossa vergonha e todo o nosso pecado para que pudéssemos nos arrepender e avançar na graça de Deus.

Sim, é possível olhar para trás, para vitórias passadas, a fim de encorajar-nos no Senhor, como fez Davi. Mas, se não for com o propósito de glorificar o seu nome, olhar para trás tem pouco valor — e pode roubar nossa paz, nossa alegria e até mesmo nosso destino. Lembro-me do ensinamento de Kathryn Kuhlman sobre as bem-aventuranças. Ela ensinou que, quando Deus criou o homem à sua imagem e semelhança, ele o criou com um olhar voltado para o futuro, com um par de olhos que sempre olhariam para frente, e não para trás. Kuhlman disse:

Quando olhamos para trás e não para frente, causamos grande parte da nossa angústia, da nossa infelicidade, da nossa frustração, da nossa confusão, da nossa falta de paz [...]. Parece que a coisa mais fácil no mundo é viver no passado. Quando vivemos no passado, há e haverá arrependimentos. Nutrimos mágoas. Haverá pensamentos de injustiça, lembranças de coisas que deveriam ter sido enterradas e esquecidas. Hesitamos em soltar o passado e hesitamos em começar a viver no futuro. Como resultado, em vez de alegria e aventura, conhecemos apenas as pontadas do remorso e nunca temos paz em nossa mente.[1]

Meu passado conhece muita dor no coração e tristeza, e tenho certeza de que você também já deve ter experimentado algo semelhante. Com a graça de Deus, tive que aprender a soltar o passado e caminhar em direção ao futuro pelo poder de Deus. Posso lhe garantir que eu estaria vivendo uma vida de derrota se não resistisse à tentação de reviver o abandono, o abuso e as perdas que experimentei. Cometi muitos erros nesta vida, e pessoas muito próximas cometeram muitas injustiças contra mim. Eu tive que decidir que meu propósito é avançar, e o segredo de avançar é arrepender-se, perdoar e continuar.

Novamente o Senhor está lhe dizendo: *Não olhe para trás*. Deus quer fazer algo novo em sua vida, mas pode haver algo que está obstruindo seu caminho — além da carne e do diabo. Chama-se *passado*. Ouça-me: você precisa superar a dor do seu passado. Se não estiver disposto a ultrapassar essa dor, você jamais terá vitória total em sua vida.

FAZER PRESSÃO CONTRA O PASSADO

O que significa *pressionar*? Significa "exercer uma força ou pressão contínua contra algo". Precisamos pressionar contra a pressão que é exercida sobre nós. Há pressão contra o nosso impulso. Existe a pressão de voltar. Existe a pressão para desistir. A atração do passado é uma estratégia demoníaca que funciona como um ímã. Ela tenta puxar-nos de volta. Precisamos desmagnetizar nossa alma para avançar em nosso destino profético.

Devo dizer-lhe que fazer pressão contra o passado causa sofrimento. Contudo, ou você sofre da maneira como está sofrendo, ou pode sofrer a dor da mudança para chegar à vitória. Quando a dor da mudança vem, nossa carne busca uma saída.

Nossa alma preferiria permanecer na dor que conhece do que sofrer a pressão de passar por uma dor desconhecida. Não queremos sofrer, mas nosso sofrimento só terminará quando alcançarmos o outro lado da dor. Fazer pressão não é divertido — muito pelo contrário —, mas a recompensa é grande. Ouvi o Senhor dizer: *Está na hora de deixar seu passado na poeira. Sacuda a poeira dos pés e ande no futuro e na esperança que planejei para você.*

Deixar seu passado na poeira significa, muitas vezes, renovar sua mente. Contemple as palavras de Paulo nessa tradução moderna e direta:

> Então, se você realmente quer viver essa nova vida de ressurreição com Cristo, aja de acordo. Busque as coisas sobre as quais Cristo preside. Não se arraste pelo chão, de olhos voltados para baixo, imerso nas coisas diretamente à sua frente. Levante os olhos e esteja atento ao que acontece em volta de Cristo — é lá que a ação está. Veja as coisas de seu ponto de vista. (Colossenses 3:1-2, A Mensagem)

Qual é o ponto de vista de Jesus? Seu ponto de vista é que nós somos vencedores. Somos amados. Não estamos sozinhos, porque ele nunca nos deixará ou abandonará. Temos o óleo da alegria, as vestes do louvor. Somos abençoados com cada bênção espiritual. Participamos da natureza divina. Somos a cabeça, e não a cauda. Tudo o que tocamos prosperará.

Olhar para trás pode fazer com que percamos Deus de vista. Deus é o nosso defensor (Salmos 4:2-4). Ele retribuirá àqueles que nos machucam. Curará a nossa tristeza. Nos trará novos relacionamentos. Ele fará. Nosso trabalho é amá-lo com todo o nosso coração e toda a nossa mente e confiar nele. Quando sou confrontada com o passado, gosto de meditar sobre duas passagens-chave da Bíblia. A primeira é Romanos 8:28: "Sabemos que Deus age em todas as coisas para o bem daqueles que o amam, dos que foram chamados de acordo com o seu propósito". A segunda é Gênesis 50:20: "Vocês planejaram o mal contra mim, mas Deus o tornou em bem, para que hoje fosse preservada a vida de muitos".

Que esta seja a nossa confissão:

Jesus, estou disposto a pressionar contra o passado e avançar para a vitória. Em ti sou mais que vencedor. Tu me entendes. Tu conheces minhas mágoas, minhas feridas, minha tristeza e solidão. Mas tu estás aqui para me libertar. Eu me recuso a permanecer no passado por mais tempo. Troco minha tristeza pela alegria, meu peso pelo louvor. E eu te agradeço, Senhor, por poder avançar em direção à marca do prêmio. Dor, você pode ficar. Eu ordeno que você saia da minha alma em nome de Jesus. Eu estou livre . Sou renovado no espírito da minha mente. Sou vitorioso!

QUEIMANDO AS PONTES PARA O SEU PASSADO

Em tempos pós-transição, percebo com frequência a atração do meu passado. Surgem lembranças dos bons e velhos tempos e de como seria se as coisas tivessem acontecido de outra forma. Isso é o inimigo operando para levar minha alma de volta a um lugar do qual Deus me libertou. Às vezes, o inimigo dá seguimento a esses pensamentos com telefonemas e e-mails de associados do passado. O objetivo é fazer com que eu olhe para trás, recorde, me agarre ao que era bom em meio ao ruim. Mas eu me lembro da esposa de Ló.

Se Deus chamou você para fora de um lugar, para fora de um relacionamento, se Deus chamou você para fora de qualquer coisa, não ceda aos devaneios da alma que se pergunta como poderia ter sido ou como seria se você voltasse agora. É impossível avançar e olhar para trás ao mesmo tempo. Isso rasga você em pedaços. E é isso que o inimigo quer. Lembre-se da esposa de Ló.

O mundo incita: "Não queime suas pontes". Mas, às vezes, precisamos queimá-las com uma paixão para seguir a Deus sem impedimentos para uma coisa nova a fim de alcançar o nosso destino profético. Dito isso, não acredito em queimar pontes a não ser que não haja outra opção. O Reino de Deus é construído em relacionamentos. Precisamos uns dos outros. A decisão de queimar uma ponte com uma pessoa, especialmente um cristão, não deve ser tomada levianamente. Ela só deve ser tomada através de muita oração e até lágrimas. Mas há momentos em que é preciso incendiar a ponte.

Certa vez, em obediência ao Espírito Santo, saí de uma igreja em que eu tinha muitos amigos. A liderança me rotulou como desobediente quando saí pela porta. Disseram a muitos membros que eu tinha dado as costas para Cristo. Os líderes queimaram a ponte entre nós. Foi doloroso, mas foi para o meu bem. Era Deus que estava me protegendo de um sistema eclesiástico nocivo. Ele estava me libertando da escravidão, e a ponte precisava ser queimada para que eu não fosse tentada a voltar.

Da mesma forma, fui obrigada a queimar uma ponte com um bom amigo que começou a alegar — e contar para todos — que eu seria sua esposa. Eu sabia que Deus não tinha me chamado para me casar com esse homem que havia sido abandonado por sua esposa recentemente. Ele não percebeu, mas estava se agarrando a mim para aliviar sua dor. Após alguns meses pedindo que ele parasse de me perseguir, eu finalmente tive que queimar a ponte. Guiada pelo Espírito Santo, interrompi qualquer comunicação. Não foi legal ou fácil, mas era necessário. Foi difícil perder um bom amigo, mas era a vontade de Deus. Alguns meses depois, ele e sua ex-esposa reataram o casamento. Imagine o que teria acontecido se eu não tivesse obedecido à voz de Deus para queimar aquela ponte!

Nem sempre queimar pontes é a reação correta, mas, às vezes, é a única reação. Se Deus deseja reconciliação, ele tem o poder para realizar isso. A chave é permanecer sensível ao seu Espírito.

Não importa se estamos abandonando o pecado, partindo de lugares ou deixando para trás relacionamentos que o Senhor nos mostrou como não sendo sua vontade para a nossa vida: devemos partir em paz no que depender de nós. Devemos manifestar o caráter de Deus quando avançamos. Às vezes você pode avançar e, mesmo assim, manter um relacionamento, mas às vezes você precisa queimar pontes para não ter que voltar para coisas que Deus lhe revelou claramente como sendo nocivas para o seu relacionamento com ele. Precisamos avançar.

CAPÍTULO 4

ABRAÇAR O CARÁTER DE CRISTO

Levanto pesos e faço uma série de exercícios malucos na academia várias vezes por semana. Às vezes, eu me esqueço do alongamento, e acabo com o corpo tão dolorido que mal consigo andar depois. Essa dor me faz querer faltar ao próximo treino. Mesmo assim, eu continuo indo e pedindo mais, porque sei que me faz bem.

Quando vou, meu professor — percebendo que eu não me alonguei — muitas vezes decide me ajudar. Ah! Que agonia! Ele ignora minha dor e diz que é para o meu próprio bem. Sei que ele está certo — e sei que, se eu tivesse me alongado depois da última sessão, não estaria naquela situação. No entanto, repito esse comportamento com frequência.

Recentemente, tenho me encontrado na academia de Deus, levantando pesos espirituais e fazendo todos os tipos de exercícios desagradáveis que fortalecem meu caráter. Eu não preciso me preocupar com a parte do alongamento. Deus faz isso por mim também. O alongamento de Deus é, às vezes, tão doloroso para a nossa alma quanto o alongamento de um músculo dolorido — isso me lembra do personagem Tropeço, da *Família Addams*, na máquina de alongamento de aparência medieval na masmorra —, mas dá uma capacidade espiritual suficiente para avançar para a próxima fase de seu destino profético.

Desenvolver um caráter semelhante ao de Cristo deve fazer parte de sua rotina de malhação espiritual. Paulo admoestou seu filho espiritual, Timóteo, dizendo: "Exercite-se na piedade" (1 Timóteo 4:7). Paulo exortou Tito: "Da mesma maneira, encoraje os jovens a serem prudentes. Em tudo seja você mesmo um exemplo para eles, fazendo boas obras. Em seu ensino, mostre integridade e seriedade; use uma linguagem sadia, contra a qual nada se possa dizer, para que aqueles que se lhe opõem fiquem envergonhados por não terem nada de mal para dizer a nosso respeito" (Tito 2:6-8).

ENTENDENDO O CARÁTER DE CRISTO

Você pode discernir o caráter de Cristo lendo o Novo Testamento — especialmente os evangelhos, em que você vê Jesus em ação. Mas vejamos a que estamos visando com base nas Escrituras.

Jesus caminhou sobre a terra como um servo. Ele disse: "Quem quiser ser o primeiro deverá ser escravo; como o Filho do homem, que não veio para ser servido, mas para servir e dar a sua vida em resgate por muitos" (Mateus 20:27-28). Mas ele não só falou sobre serviço humilde; ele demonstrou isso. Jesus lavou os pés dos discípulos — até mesmo os pés de Judas, que, como sabia, logo o trairia (João 13:1-5).

Jesus caminhou sobre a terra em humildade. Paulo disse:

> Seja a atitude de vocês a mesma de Cristo Jesus, que, embora sendo Deus, não considerou que o ser igual a Deus era algo a que devia apegar-se; mas esvaziou-se a si mesmo, vindo a ser servo, tornando-se semelhante aos homens. E, sendo encontrado em forma humana, humilhou-se a si mesmo e foi obediente até a morte, e morte de cruz! (Filipenses 2:5-8)

Jesus caminhou sobre a terra em santidade. Até os poderes demoníacos o reconheceram como santo (Marcos 1:24). Jesus não tinha pecado. Nós somos pecaminosos, mas podemos buscar a santidade, sem a qual ninguém verá o Senhor (Hebreus 12:14). A Palavra de Deus nos exorta a cultivar a santidade na nossa vida: "Assim como é santo aquele que os chamou, sejam santos vocês também em tudo o que fizerem, pois está escrito: 'Sejam santos, porque eu sou santo'" (1Pedro 1:15-16).

É claro, Jesus era tudo isso e muito mais. Ele era gracioso, disciplinado, determinado, criativo, dedicado, alegre e pacífico, perdoador, corajoso, justo, honesto, confiante e confiável. Ele era compassivo, entusiasmado, diligente, obediente, reverente, destemido, leal, misericordioso, paciente, altruísta, sensível, zeloso e muito mais. Jamais seremos perfeitos, mas podemos continuar tentando ser santos assim como ele é santo, e Deus abençoará os nossos esforços.

Oswald Chambers, um evangelista do movimento Santidade, no início do século 20, disse certa vez: "A expressão do caráter cristão não é fazer o bem, mas ser semelhante a Deus. Se o Espírito de Deus transformou seu interior, você manifestará características divinas em sua vida, e não características humanas boas. A vida de Deus em nós se expressa como vida de Deus, e não como vida humana que tenta ser santa".[1]

ALERTA: CARÁTER E CARISMA SÃO COISAS DIFERENTES

Se você seguir meu ministério, me ouvirá dizer coisas como: "Não quero que minha unção me leve para um lugar onde meu caráter não permitirá que eu fique". Digo isso porque testemunhei como muitos pregadores modernos caíram, sem falar de alguns velhos generais da fé cujas vidas foram documentadas para que nós pudéssemos aprender. E há os exemplos na Palavra de Deus de grandes pessoas com uma unção forte que caíram.

Caráter importa. Eu vi isso com meus próprios olhos em meu ministério local. Um homem de Deus — nós o chamaremos de Mark — estava trabalhando com uma mistura singular de dons. Sua unção no altar era forte. Palavras de sabedoria fluíam. Pessoas eram curadas. Estávamos testemunhando um derramamento genuíno. A presença manifesta do Espírito Santo era inegável. Deus estava usando Mark para libertar os cativos.

Mas Mark não estava livre — e ele não estava disposto a admitir isso. Mark era como um dos Filhos do Trovão que queriam invocar o fogo dos céus para que ele consumisse as pessoas que rejeitavam Jesus (Lucas 9:54). Frequentemente, ele ameaçava repreender aqueles que não viviam à altura de seus padrões. Sua atitude era farisaica, mesmo tendo sido sido salvo num lugar escuro e ilegal. Ele tinha sonhos e visões de pessoas que morriam porque não iam à igreja. Seu comportamento era controlador, impaciente e hipócrita.

Quando seus colaboradores o confrontaram, Mark sugeriu que eles eram o problema. Disse que eles não tinham fé para viver no limite como ele; que eles não tinham se dedicado a Deus como ele; que eles não jejuavam e oravam o bastante como ele; que eles não eram santos como ele. Assim, rompeu o relacionamento com esses colaboradores e levou seus dons espirituais para outro lugar, sem se despedir. E isso é triste, pois os dons saíram pela porta com ele — mas levou consigo também suas feias falhas de caráter que poderiam impedir que alcançasse o seu destino profético.

Mark não é o único que conheci que tinha uma unção forte e um caráter especialmente pobre. E não foi o único que justificou sua conduta pobre com uma unção poderosa. Quanto mais avançamos nos últimos dias — quanto mais nos aproximamos do retorno de Cristo —, mais pessoas cairão vítimas do desejo de seus olhos, do prazer da carne e do orgulho da vida (1João 2:16). Muitas vezes, caem em privado antes de serem expostas publicamente. Repito: não quero que minha unção me leve para um lugar onde meu caráter não permitirá que eu fique.

Alguns cristãos acham que, só porque são capazes de profetizar uma palavra certeira, Deus não se importa com seus ataques de raiva em casa; ou, porque as pessoas são abatidas no Espírito quando eles impõem suas mãos, Deus se agrada com a maneira como tratam seus amigos; ou, porque um dom de cura está presente, Deus ignora aquele problema de bebida, aquele pecado sexual ou qualquer que seja o erro que escondam por trás de portas trancadas. Isso se chama *ser religioso*. E é feio. Caráter importa.

Não, não precisamos ser perfeitos para profetizar uma palavra correta. Não precisamos ter um caráter imaculado para ministrar ao altar. Não precisamos ser totalmente livres de pecado para impor mãos em pessoas doentes e testemunhar sua recuperação. Sugerir isso também seria ser religioso. E isso seria feio. Mesmo assim, caráter importa se quisermos andar na plenitude de nosso destino profético.

O que estou dizendo? Precisamos parar de confundir dons e chamados com maturidade e caráter — em nós mesmos e nos outros. Deus pode usar uma mula teimosa para profetizar, e ele pode usar também um cristão teimoso para profetizar. Isso não significa que Deus aprova teimosia, que é igual ao pecado da idolatria (1Samuel 15:23). Significa apenas que Deus precisou de um recipiente para transmitir a palavra profética para uma pessoa que precisava desesperadamente ouvi-la. Essa profecia — ou o chamado poderoso ao altar, ou dons de cura, ou de operar milagres — não é para vangloriar ou glorificar o recipiente. Trata-se de edificar a igreja e de glorificar a Deus. Não confunda carisma com caráter em sua vida ou na vida de outros. Esse é um engano perigoso que pode descarrilhar o seu destino profético.

Jack Hayford, chanceler emérito da King's University, explica que as pessoas reagem ao carisma porque uma pessoa carismática consegue comunicar às pessoas o fato de que elas são valiosas. Pessoas com carisma alimentam a esperança, mas é preciso que o caráter acompanhe o carisma. Uma pessoa precisa não só de afirmação, mas também de disciplina mental e espiritual. "Carisma pode satisfazer o desejo das pessoas por afirmação. Caráter, segundo Romanos 5:4, produz esperança. Mas caráter também busca cultivar o tipo de vida disciplinada que produz o fruto do Espírito Santo. Ouço o tempo todo líderes que falam sobre altos sonhos — Deus tem esse destino maravilhoso para nós, e ele está pronto para nos abençoar e trazer alegria para a nossa vida. Isso é verdade, mas precisa ser vinculado a uma fé perseverante que depende da fidelidade de Deus e confia nela".[2]

Oro para que todos nós possamos aprender a discernir a correção amorosa de Deus na nossa vida, pois, quando a ignoramos repetidamente, acabamos enganando a nós mesmos (Tiago 1:22) e acreditamos que, só por sermos ungidos e profetizarmos corretamente, Deus se agrada com aquilo que fazemos quando não estamos no palco. A graça de Deus para crescer está disponível a todos. Nossa parte consiste em meditar sobre sua Palavra, em obedecer e agradecer a Deus pela graça para fazê-lo.

CONSTRUINDO UM CARÁTER SANTO

Um caráter santo não se desenvolve de um dia para o outro, mas ele pode ser construído. Helen Keller, uma autora norte-americana, ativista política e palestrante — e a primeira pessoa surda e cega a obter um diploma de bacharel em Artes —, disse certa vez que caráter não pode ser desenvolvido com tranquilidade e facilidade. É apenas através da experiência de provação e sofrimento que a alma pode ser fortalecida, que a ambição pode ser inspirada e que o sucesso pode ser alcançado.

É claro, ninguém gosta de ouvir que devemos sofrer para construir o caráter que nos levará ao nosso destino profético. Eu não gosto de ouvir isso. Mas era a verdade para ela e é a verdade para nós. E permanecerá sendo a verdade. É o que a Bíblia diz (João 16:33).

Para construir um caráter santo, precisamos permitir que o Espírito Santo entre em cada canto e fenda da nossa mente, vontade e emoção. Ele é aquele que nos convence — que nos convence de que precisamos nos arrepender de atitudes, tendências, motivos e falhas de caráter pecaminosos. Ele é aquele que vê até mesmo as raposas menores que tentam estragar a nossa vinha (Cântico dos Cânticos 2:15). Essa é uma obra que já está bem adiantada. Você pode confiar que "aquele que começou a boa obra em vocês, vai completá-la até o dia de Cristo Jesus" (Filipenses 1:6).

Sabemos que o inimigo vem para matar, roubar e destruir nosso destino profético (João 10:10). Mas ele só pode fazer isso se encontrar algo em nós com o qual possa trabalhar. O inimigo está procurando falhas de caráter, áreas na nossa vida que não submetemos à Palavra de Deus, pensamentos que não foram renovados, áreas da nossa alma que foram fragmentadas pela mágoa, por feridas e por traumas, caprichos em nossa mente que concordam com o espírito do mundo. Visto que Deus está nos transformando de glória em glória — só seremos perfeitos após a ressurreição —, parece que somos vulneráveis ao ataque do inimigo.

Pedro, o apóstolo, é um exemplo de alguém cujo caráter amadureceu em Cristo. Ele era um pescador de boca grande. Impulsivo. Jesus o repreendeu por permitir que Satanás influenciasse a sua fala (Mateus 16:23). Pedro negou Cristo três vezes (João 18:13-27). Paulo repreendeu Pedro por seu distanciamento hipócrita dos gentios quando seus irmãos judeus apareceram (Gálatas 2:11). Satanás peneirou Pedro como trigo (Lucas 22:31).

Pedro entendeu o processo de construção de caráter e nos transmitiu nas Escrituras percepções inspiradas pelo Espírito.

> Seu divino poder nos deu todas as coisas de que necessitamos para a vida e para a piedade, por meio do pleno conhecimento daquele que nos chamou para a sua própria glória e virtude. Por intermédio destas ele nos deu as suas grandiosas e preciosas promessas, para que por elas vocês se tornassem participantes

da natureza divina e fugissem da corrupção que há no mundo, causada pela cobiça. (2Pedro 1:3-4)

Aqui estão as chaves para construir um caráter santo.

Em primeiro lugar, entenda que ele nos deu tudo de que precisamos para andar em santidade (2Pedro 1:3). O Reino de Deus está dentro de nós (Lucas 17:21). Devemos crucificar a nossa carne para manifestar o caráter do Reino (Gálatas 5:24).

Em segundo lugar, é o conhecimento que temos de Deus que apressa esse processo. Quanto mais olharmos para ele, mais nos tornamos semelhantes a ele (2Coríntios 3:18).

Em terceiro lugar, ele abriu um caminho para escaparmos do caráter mau. Temos a escolha de mergulhar em sua natureza divina.

Pedro continua:

> Por isso mesmo, empenhem-se para acrescentar à sua fé a virtude (excelência, determinação, energia cristã); à virtude o conhecimento (inteligência); ao conhecimento o domínio próprio; ao domínio próprio a perseverança (paciência, insistência); à perseverança a piedade (santidade); à piedade a fraternidade; e à fraternidade o amor. (2Pedro 1:5-7)

Nos versículos 5 a 7, descobrimos outras chaves para a construção de caráter. Nosso papel consiste em ser diligentes no exercício da nossa fé. Novamente vemos como o Espírito Santo ressalta que somos chamados para desenvolver essas características que Deus depositou em nosso espírito para que um bom fruto se manifeste em nossa vida. O mundo e a igreja nos julgarão pelos frutos que geramos. Se eles não reconhecerem essas qualidades em nosso caráter, não teremos a credibilidade necessária para causar uma mudança duradoura. Se eles virem as obras da carne que Paulo esboçou em Gálatas, nosso ministério será repreendido. Continuemos a nossa leitura:

> Porque, se essas qualidades existirem e estiverem crescendo em suas vidas, elas impedirão que vocês, no pleno conhecimento [pessoal] de nosso Senhor Jesus Cristo (o Messias, o Ungido), sejam inoperantes e improdutivos. Todavia, se alguém não as tem, está cego, só vê [espiritualmente] o que está perto, esquecendo-se da purificação dos seus antigos pecados. Portanto, irmãos, empenhem-se ainda mais para consolidar (ratificar, fortalecer, tornar firmes) o chamado e a eleição de vocês, pois se agirem dessa forma, jamais tropeçarão. (2Pedro 1:8-10)

Nos versículos 8, 9 e 10, o Espírito Santo nos mostra imagens contrastantes que deixam a mensagem clara. Aquele que não tem essas qualidades é cego e espiritualmente míope. Como podemos seguir o caminho do nosso destino profético desse jeito? *Selah*. Pare e reflita sobre isso por um momento. Se você quiser que seu chamado e sua eleição sejam à prova do diabo, siga o conselho de Pedro inspirado pelo Espírito Santo. Se fizer isso, a Bíblia promete que você não cairá. Na verdade, nem mesmo tropeçará. Que promessa maravilhosa!

SOFRENDO POR CAUSA DE CRISTO

Já mencionei o sofrimento mais acima neste capítulo, mas precisamos dar uma olhada mais de perto. Pedro foi uma testemunha dos sofrimentos de Cristo (1Pedro 5:1). E também sofreu por ele. A história cristã registra que Pedro não só deu sua vida por Cristo em um madeiro, mas que também insistiu em ser crucificado de cabeça para baixo porque não se sentia digno de ser crucificado como o seu Senhor foi. Que transformação de caráter. Não era mais o mesmo homem que negou Cristo três vezes.

Parece que construímos nosso caráter mais rapidamente em tempos ruins do que em tempos bons. Em outras palavras, provações podem trazer à tona as falhas no caráter. Vemos nossos pontos fracos quando somos perseguidos, estamos doentes, passamos por dificuldades financeiras, sofremos no relacionamento etc. Quando sofremos, temos duas opções: ou confiar no Senhor, o que constrói nosso caráter, ou buscar uma via de escape sem Jesus e cair no pecado da incredulidade. O caráter bom continua lutando a boa luta da fé. O caráter mau escolhe o caminho infiel. Tudo que não é da fé é pecado (Romanos 14:23).

Não digo isso com prazer, e você vai gostar de ouvir tampouco quanto eu gosto de dizer, mas sofrimento produz caráter. Caráter é demonstrado através de obediência. Até mesmo Jesus, apesar de ter sido o Filho de Deus, aprendeu a obedecer através das coisas que sofreu (Hebreus 5:8).

Nem sempre o sofrimento é um indicador de que você está fazendo algo errado. Às vezes, sofremos por fazermos a coisa certa. Muitos anos atrás, eu estava em uma viagem missionária na América Latina a serviço do ministério midiático. Durante dezoito horas por dia, por nove dias, eu carregava uma bolsa pesada cheia de câmeras, sob o sol quente. Eu estava desidratada e em dores após os primeiros dias, mas os líderes me encorajaram a perseverar. Eles me disseram que pessoas fortes não desistem quando as coisas ficam difíceis — elas continuam e insistem. Em alguns momentos eu achei que fosse sofrer um colapso, mas o mantra era "sofrer por Jesus". E foi o que fiz.

Sendo muito jovem no Senhor, além da dor em meu corpo, eu estava relutando em minha mente. Eu achava que a liderança não se importava com o que eu estava sofrendo. Os líderes só ficaram me encorajando a continuar.

Durante o jantar de encerramento — uma celebração em um restaurante com ar-condicionado —, pediram que eu filmasse testemunhos da viagem. Eu ainda estava sentindo dor, mas sentia também a satisfação de ter aguentado até o fim, a despeito de toda dor e das lutas mentais. Naquele momento, senti tanto orgulho de mim mesma por não ter desistido! Eu estava prestes a cruzar a linha de chegada. A sensação era muito boa.

Outro participante da viagem anunciou: "Parece que você está com dor. Deixe que eu assuma". Eu recusei, dizendo que queria terminar o que tinha começado. Esse homem insistiu que deveria assumir, porque via que eu estava realmente sofrendo. Sua motivação era correta e envergonhou o líder que não tinha demonstrado nenhuma preocupação com meu bem-estar durante aqueles nove dias. O líder me mandou entregar a câmera ao homem.

Fiquei devastada. Eu tinha trabalhado tanto e persistido tanto! Eu só queria alcançar a linha de chegada. Senti que eu estava sendo privada daquela oportunidade. Entreguei a câmera e me sentei, mas meu estômago começou a se revirar. Fui até o banheiro para me recompor. Foi quando outro membro da equipe entrou para me repreender por ter deixado a mesa e ter feito um drama. Fui acusada de ser uma distração quando, na verdade, eu precisava apenas ir ao banheiro.

Voltei para casa sentindo-me derrotada e pedi ajuda a um casal mais velho no Senhor. Os dois eram jornalistas como eu. Eles ouviram minha dor. Sentiram minha dor. E me deram um conselho sábio das Escrituras. Quero compartilhar esse conselho com você, pois pode ajudá-lo a não se voltar para dentro, sentindo pena de si mesmo; um conselho que inspirará você a ver que aquilo que você faz está sendo feito para o Senhor, independentemente de quem se importa, de quem se opõe a você, de quem o persegue ou não te entende.

Escravos, sujeitem-se a seus senhores com todo o respeito, não apenas aos bons e amáveis, mas também aos maus. Porque é louvável que, por motivo de sua consciência para com Deus, alguém suporte aflições sofrendo injustamente. Pois que vantagem há em suportar açoites recebidos por terem cometido o mal? Mas se vocês suportam o sofrimento por terem feito o bem, isso é louvável diante de Deus. Para isso vocês foram chamados, pois também Cristo sofreu no lugar de vocês, deixando-lhes exemplo, para que sigam os seus passos. "Ele não cometeu pecado algum, e nenhum engano foi encontrado em sua boca". (1Pedro 2:18-22)

Se aquele sábio casal de idosos não tivesse me dado esse conselho, é possível que eu teria abandonado aquele ministério antes do tempo. Eventualmente saí, porque o clima era abusivo. Aqueles líderes realmente se importavam mais com a construção de seu próprio reino do que em ajudar as pessoas. Mas o Senhor me ensinou a ser paciente no sofrimento — mesmo sofrendo por fazer a coisa certa. Essa experiência aterrorizante moldou meu caráter. Eu não queria passar por aquilo — ou qualquer outro sofrimento que experimentei — novamente. Mas sou grata pelo fruto disso.

O menino Davi, antes de se tornar rei, também sofreu nas mãos de um líder por fazer a coisa certa. Saul comissionou Davi para lutar contra Golias, mas, mais tarde, o rei o perseguiu por causa da atenção que ele recebeu por seu ato de coragem. Às vezes, o Senhor permitirá que você fique aos pés de Saul para tirar Saul de você. Como líder, eu demonstro cuidado e preocupação para com as pessoas. Eu não as obrigo a ultrapassarem os limites que Deus lhes deu. Por causa daquilo que suportei, eu não trato as pessoas como fui tratada; em vez disso, as trato da maneira como eu quero ser tratada.

Quando você sofrer por fazer o que é certo — ou mesmo quando sofrer por causa de seus próprios erros —, deixe que esta passagem o encoraje: "Também nos gloriamos nas tribulações, porque sabemos que a tribulação produz perseverança; a perseverança, um caráter aprovado; e o caráter aprovado, esperança. E a esperança não nos decepciona, porque Deus derramou seu amor em nossos corações, por meio do Espírito Santo que ele nos concedeu" (Romanos 5:3-5).

DISCERNINDO A FONTE DA PRESSÃO

Em tempos de pressão, aprendi que devemos discernir sua fonte. Há pressão de dentro — aquilo que chamo de "pressão do Espírito Santo" — e pressão de fora, que vem de pessoas, lugares e coisas (algumas dessas "coisas" incluem diabos). Às vezes, a pressão vem de Deus e do inimigo ao mesmo tempo. Então vêm também as pessoas. Repito: devemos discernir a fonte.

É muito fácil resistir a Deus em nome de resistir ao diabo só porque você não gosta daquilo que está acontecendo e supõe que a missão veio das profundezas do inferno. Vi como outros se deitaram no chão e permitiram que o diabo os pisoteasse em nome de se renderem ao Espírito Santo. Não faça nenhuma dessas coisas! Peça que o Espírito Santo lhe mostre o que vem dele e o que é contrário à sua vontade para a sua vida. Renda-se a Deus; resista ao diabo.

E tem outra coisa que aprendi sobre pressão: não importa se ela vem da mão de Deus ou do inimigo; se você insiste em pressionar para atravessar a pressão, não só ficará mais forte, mas, eventualmente, a pressão perderá a força. Não desista. Deus sabe o quanto você pode suportar, e ele não permitirá que o inimigo exerça uma pressão maior do que você consegue aguentar (1Coríntios 10:13). Às vezes pode ser difícil acreditar nisso, mas a Palavra de Deus é verdadeira. Ao exercer pressão, você desenvolve força espiritual e caráter que lhe serão muito úteis na fase seguinte de sua jornada em direção ao seu destino profético.

Como eu já disse, Deus nos usa onde estamos no caminho para onde estamos indo. Em outras palavras, ele fará bom uso de nossos dons no nível de preparação que já alcançamos, mas devemos seguir sua liderança para que nossos dons não nos levem para um lugar no qual nosso caráter não permite que fiquemos. Minha mensagem para você é esta: não há tempo a perder. Parece que Deus acelerou o processo de preparação, mas devemos nos render a essa preparação, e não resistir ou até mesmo nos negar a entender que não resta muito tempo.

Sim, é possível subir na escada espiritual a despeito das nossas falhas de caráter escondidas, mas você não será capaz de manter sua posição se não fizer do jeito de Deus. A Bíblia diz que, se o Senhor não estiver construindo a casa, nós labutamos em vão (Salmos 127:1). Deus não construirá um farol profético para as nações — ou qualquer que seja o seu chamado — sobre uma fundação com rachaduras no caráter, pois assim o farol ruirá.

Devemos construir nossa vida e nosso ministério em Jesus, ou não suportaremos o sofrimento e as tempestades. Na conclusão do Sermão do Monte, que é conhecido como a Constituição do Reino, Jesus oferece muitas orientações para o nosso caráter:

> Portanto, quem ouve estas minhas palavras e as pratica é como um homem prudente que construiu a sua casa sobre a rocha. Caiu a chuva, transbordaram os rios, sopraram os ventos e deram contra aquela casa, e ela não caiu, porque tinha seus alicerces na rocha. Mas quem ouve estas minhas palavras e não as pratica é como um insensato que construiu a sua casa sobre a areia. Caiu a chuva, transbordaram os rios, sopraram os ventos e deram contra aquela casa, e ela caiu. E foi grande a sua queda. (Mateus 7:24-27)

Tudo se reduz ao alongamento. Deus quer alongar você para que seja capaz de carregar seu reino na terra. Estas palavras do Senhor, que eu registrei em meu livro *Manhãs com o Espírito Santo*, me ajudaram a entender o coração de Deus no alongamento:

> Você se renderá completamente a mim? Você se submeterá à minha vontade mesmo quando for contrária à sua vontade? Você permitirá que eu te alongue nesta estação? Quero aumentar sua capacidade de absorver coisas espirituais, mas isso significa abrir mão de coisas carnais para criar mais espaço para mim. Significa

cultivar uma nova safra do meu fruto em seu coração. Quero fazer com que meus dons fluam através de você, mas isso significa que você deve soltar as coisas que impedem meu amor. Você permite que eu alongue você? Você diminuirá para que Jesus possa crescer em seu coração?[3]

Deus tem um propósito em tudo que faz. Adquira confiança sabendo que ele está alongando você para que possa conter mais de seu poder e ganhar mais de sua sabedoria, mais de seu caráter — mais dele. Ele quer aumentar sua influência e ampliar seu território. Esta é a minha oração. Talvez ela lhe ajude também:

Eu digo "sim" a ti, Espírito Santo. Digo "sim" à tua vontade e aos teus caminhos mesmo quando não entendo tua obra em minha vida. Peço que aumentes minha capacidade espiritual, que aumentes meu coração para amar-te ainda mais e me ajudes a ceder tudo que está obstruindo o caminho. Em nome de Cristo que eu oro, amém.

CAPÍTULO 5
O PREÇO DO PROGRESSO

Quando Deus me chamou para o ministério profético, ele falou muitas coisas ao meu coração. Uma das coisas que ele me disse era que eu deveria calcular o preço e não olhar para trás. É algo bíblico, é claro — e poucas pessoas falam sobre isso na igreja hoje em dia.

Encontramos o conceito de "calcular o preço" em Lucas 14:26-33. Jesus nos ofereceu termos extremos. Mesmo que a maioria de nós nunca tenha que pagar um preço tão alto, devemos estar dispostos a pagar um preço para progredir em nosso destino profético. Para muitos de nós, entrega total é um processo; mesmo quando nos entregamos totalmente, sempre parece existir uma entrega ainda mais profunda. Lucas registrou as palavras de Jesus nestes versículos um tanto sérios:

> Se alguém vem a mim e ama o seu pai, sua mãe, sua mulher, seus filhos, seus irmãos e irmãs, e até sua própria vida mais do que a mim, não pode ser meu discípulo. E aquele que não carrega sua cruz e não me segue não pode ser meu discípulo.
>
> Qual de vocês, se quiser construir uma torre, primeiro não se assenta e calcula o preço, para ver se tem dinheiro suficiente para completá-la? Pois, se lançar o alicerce e não for capaz de terminá-la, todos os que a virem rirão dele, dizendo: "Este homem

começou a construir e não foi capaz de terminar". Ou, qual é o rei que, pretendendo sair à guerra contra outro rei, primeiro não se assenta e pensa se com dez mil homens é capaz de enfrentar aquele que vem contra ele com vinte mil? Se não for capaz, enviará uma delegação, enquanto o outro ainda está longe, e pedirá um acordo de paz. Da mesma forma, qualquer de vocês que não renunciar a tudo o que possui não pode ser meu discípulo. (Lucas 14:26-33)

O próprio Cristo deixou claro como é alto o preço de ser seu discípulo — seu aluno. Quão mais alto é seguir um chamado ainda maior, falar por ele, exercer seus dons e coisas semelhantes? Quando o Senhor me chamou, eu sabia que precisaria pagar um preço para progredir. Eu sabia que tinha sido chamada para seguir um caminho estreito que leva para a vida, e não o caminho largo que leva para a destruição (Mateus 7:14). Eu não fazia ideia do que aconteceria em seguida, mas estava em uma jornada para o meu destino profético.

Alguns anos depois, o Senhor me perguntou se eu estaria disposta a pagar o preço para fazer o que ele tinha me chamado para fazer. Eu respondi rapidamente: "Sim, Senhor. Eu estou". Afinal de contas, eu já tinha calculado o preço quando ele me chamou — pelo menos acreditava que tinha. O Senhor me repreendeu: *Não responda com tanta pressa. Calcule o preço.* Isso me lembra Ezequiel 3 e 33. Deus chamou Ezequiel para ser um vigia em Ezequiel 3. Trinta capítulos depois, Deus renovou o chamado. Esse é um dos caminhos de Deus que precisamos entender. Existe um preço que precisa ser pago para alcançar cada nível novo.

Em obediência, refleti sobre isso, orei sobre isso e analisei de cada ângulo. Determinei que estava disposta a pagar o preço, mesmo sem saber qual exatamente ele era. Voltei para diante do Senhor e lhe disse que estava pronta e disposta. Ele respondeu: *Você pagará um preço muito alto.* Aquilo me assustou. Não deveria — eu sabia que eu havia sido comprada por um preço e que sou chamada para glorificar a Deus de todas as formas (1Coríntios 6:20) —, mas me assustou mesmo assim. Aquelas palavras pesavam.

Não demorou, e comecei a pagar um preço — de fato, um preço alto. Graças a Deus porque, em sua sabedoria e misericórdia, ele nos mostra coisas vindouras se tivermos olhos para ver e ouvidos para ouvir a verdade para a qual o Espírito Santo nos conduz. Se ele não tivesse me alertado através daquela linha — *Você pagará um preço alto* —, eu teria ficado devastada diante daquilo que aconteceu em seguida.

PAGUEI UM PREÇO ALTO

Eu estava numa igreja espiritualmente abusiva naquele tempo — só que eu não sabia disso. Não de verdade. Eu via como outros eram maltratados, mas eu não reconheci aquilo como abuso espiritual. A liderança sempre retratava as pessoas que saíam da igreja como machucadas, rejeitadas ou enganadas. Eu não sabia. Eu era uma cristã novinha em folha. Eu sempre era celebrada naquela igreja e acreditava que aqueles outros estavam fazendo algo muito errado para ser tratados de forma tão horrível. Eu estava enganada.

Quando o Senhor finalmente abriu meus olhos e me mostrou o que estava acontecendo ali — quando a liderança se voltou contra mim e eu me tornei vítima do abuso espiritual que tinha testemunhado durante tanto tempo —, tive duas escolhas. Podia ficar e sofrer às mãos de terroristas emocionais ou podia ir embora e sofrer a perseguição verbal que os outros que tinham abandonado aquele ambiente maligno tiveram que suportar. Ambas as opções me assustavam.

No fim, acabei escolhendo a segunda opção. Quando fiz aquilo, fui demonizada e banida. Perdi todos os amigos que tinha. Perdi qualquer oportunidade de fazer parte de um ministério, coisa que eu amava. Perdi meu lugar na primeira fila, meus títulos, meus pais espirituais — perdi tudo e todos. Fui embora machucada, ferida e precisando de cura interior. Senti como se meu mundo estivesse ruindo — e foi o que aconteceu, mas foi necessário. Por mais doloroso que tenha sido na época, sou grata por ter partido. Não foi fácil. Foi muito custoso, na verdade. Fazia parte do "preço alto" sobre o qual o Senhor tinha falado comigo.

Assumi a postura de Paulo quando ele escreveu:

> Mas o que para mim era lucro, passei a considerar perda, por causa de Cristo. Mais do que isso, considero tudo como perda, comparado com a suprema grandeza do conhecimento de Cristo Jesus, meu Senhor, por cuja causa perdi todas as coisas. Eu as considero como esterco para poder ganhar a Cristo e ser encontrado nele, não tendo a minha própria justiça que procede da lei, mas a que vem mediante a fé em Cristo, a justiça que procede de Deus e se baseia na fé. Quero conhecer a Cristo, ao poder da sua ressurreição e à participação em seus sofrimentos, tornando-me como ele em sua morte para, de alguma forma, alcançar a ressurreição dentre os mortos. (Filipenses 3:7-11)

Por mais que aquilo dilacerasse meu coração, eu precisava seguir a Deus. Eu me senti como se estivesse perdendo tudo — e a verdade é que perdi muito. Mas aprendi que Deus não tira coisas de nós ou nos chama para desistir de coisas que são úteis para o nosso destino profético. Após alguns anos, percebi que, ao desistir de tudo que eu tinha, ao deixar para trás voluntariamente tudo pelo qual eu tinha trabalhado no ministério, eu estava aproveitando uma oportunidade de conhecer melhor a Cristo.

Quando analisei tudo sob essa perspectiva, a perda não pareceu mais tão grande assim. A perda não era mais uma perda; era uma semente semeada na justiça que traria uma safra do conhecimento de Cristo. Foi doloroso, mas valeu o preço. Deus me salvou da ilusão e preservou meu destino profético. Eu sempre me lembrarei dessa lição. Eventualmente, ela seria muito útil durante outra estação da minha vida.

Alguns anos depois, eu me vi diante de uma parede. Meu ministério — e minha influência — estavam crescendo aos saltos. Eu estava conquistando território à esquerda e à direita. Estava vendo aumentos em todos os lados. Mas algo estava errado. Era um ponto de ruptura. Um dos problemas era que meu ministério tinha ultrapassado seu apoio de oração intercessora, mas havia mais.

Passei mais ou menos uma semana em frustração severa até que, finalmente, me tranquei e fiquei horas sentada na presença do Senhor em busca de uma resposta. Nada. Repeti isso durante várias horas alguns dias depois. Nada além de frustração, devaneios e mais frustração. Mas, quando acordei na manhã seguinte, recebi uma revelação.

Havia um preço mais alto a ser pago para ir aonde Deus estava me levando em seguida. Dessa vez não se tratava daquilo que o inimigo estava roubando ou daquilo que eu estava perdendo. Tratava-se daquilo que Deus queria me dar — os dons espirituais que ele queria que eu administrasse, como ele queria ampliar minha voz na estação seguinte, as novas missões que ele tinha em mente — e as coisas das quais teria que desistir para chegar lá. Eu precisava desistir muito mais cedo, orar muito mais e me separar das pessoas que estavam me segurando.

Quando aquela clareza veio, a frustração desapareceu. Mesmo sabendo que pagar o preço não seria fácil, eu também sabia que haveria graça em abundância. Sim, sua graça realmente basta (2Coríntios 12:9).

QUAL É O PREÇO DO PROGRESSO?

A essa altura você entende: é preciso pagar um preço pelo progresso. Vemos como, nas Escrituras, Jesus aponta para isso repetidas vezes. Essas passagens separam cristãos nominais (que talvez entrem no céu, mas não receberão muitas recompensas) dos cristãos devotos, ardentes, que ouvirão o Senhor dizer: "Muito bem, servo bom e fiel. Entra e participa da alegria do teu Senhor".

Jesus disse claramente:

Se alguém quiser acompanhar-me, negue-se a si mesmo, tome a sua cruz e siga-me. Pois quem quiser salvar a sua vida, a perderá, mas quem perder a vida por minha causa e pelo evangelho, a salvará. Pois, que adianta ao homem ganhar o mundo inteiro e perder a sua alma? (Marcos 8:34-36)

Existe um preço chamado "altruísmo". Se você quer alcançar seu melhor e mais alto chamado, terá que pagar esse preço para progredir. Cristo deu o exemplo de altruísmo na cruz. Todos nós temos que carregar nossas próprias cruzes. Altruísmo é um pré-requisito para alcançar seu próximo nível.

João, o discípulo amado, nos alertou:

Não amem o mundo nem o que nele há. Se alguém amar o mundo, o amor do Pai não está nele. Pois tudo o que há no mundo — a cobiça da carne, a cobiça dos olhos e a ostentação dos bens — não provém do Pai, mas do mundo. O mundo e a sua cobiça passam, mas aquele que faz a vontade de Deus permanece para sempre. (1João 2:15-17)

Em um alerta semelhante, Paulo exortou:

Não se amoldem ao padrão deste mundo (desta era) [moldada e adaptada aos seus costumes externos e superficiais], mas transformem-se pela renovação [completa] da sua mente [segundo novos ideais e suas novas atitudes], para que sejam capazes de experimentar e comprovar [por si mesmos] a boa, agradável e perfeita vontade de Deus. (Romanos 12:2)

Ambas as passagens nos alertam sobre fazer coisas do jeito do mundo, sobre curtir do jeito do mundo e sobre pensar do jeito do mundo. Há um preço a ser pago quando você está em chamas. Chama-se "perseguição". Jesus disse que, porque eles o odiavam, eles odiarão você (João 15:18). Paulo disse que todos que levam uma vida santa em Cristo Jesus enfrentarão perseguição (2 Timóteo 3:12). Mas Jesus disse que, quando você é perseguido por causa dele, o reino do céu é seu (Mateus 5:10). Há um preço a ser pago pelo progresso, mas vale a pena.

Finalmente, lemos no evangelho de Lucas esta passagem reveladora sobre pagar um preço:

> Quando andavam pelo caminho, um homem lhe disse: "Eu te seguirei por onde quer que fores". Jesus respondeu: "As raposas têm suas tocas e as aves do céu têm seus ninhos, mas o Filho do homem não tem onde repousar a cabeça". A outro disse: "Siga-me". Mas o homem respondeu: "Senhor, deixa-me ir primeiro sepultar meu pai". Jesus lhe disse: "Deixe que os mortos sepultem os seus próprios mortos; você, porém, vá e proclame o Reino de Deus". Ainda outro disse: "Vou seguir-te, Senhor, mas deixa-me primeiro voltar e me despedir da minha família". Jesus respondeu: "Ninguém que põe a mão no arado e olha para trás é apto para o Reino de Deus". (Lucas 9:57-62)

Se você quiser alcançar seu maior e mais alto chamado — se quiser cumprir o seu destino profético —, pode perder amigos, família, casas, negócios e outras coisas parecidas. Mas Deus retribuirá tudo de que você desistir por ele — ou tudo que você perder no serviço dele — com juros. Contemple esta pergunta incisiva que os discípulos fizeram a Jesus e sua resposta encorajadora:

> Então Pedro lhe respondeu: "Nós deixamos tudo para seguir-te! Que será de nós?" Jesus lhes disse: "Digo-lhes a verdade: Por

ocasião da regeneração de todas as coisas, quando o Filho do homem se assentar em seu trono glorioso, vocês que me seguiram também se assentarão em doze tronos, para julgar as doze tribos de Israel. E todos os que tiverem deixado casas, irmãos, irmãs, pai, mãe, filhos ou campos, por minha causa, receberão cem vezes mais e herdarão a vida eterna". (Mateus 19:27-29)

E você? Qual é a perda que você está disposto a sofrer a fim de ganhar Cristo? Não responda com pressa. Simplesmente siga a orientação do Espírito Santo. Talvez ele não exija que você desista de qualquer coisa neste momento. Mas pode vir um dia em que ele faça para você a mesma pergunta que fez a mim. Estou aqui para dizer que sempre vale a pena pagar o preço para seguir Jesus.

PODADO SE VOCÊ FIZER, PODADO SE VOCÊ NÃO FIZER

Podar faz parte do processo de Deus. Às vezes, não estamos dispostos a cortar as coisas da nossa vida que impedem o crescimento — então ele o faz. Isso pode ser muito doloroso e, às vezes, somos pegos de surpresa. É como ir ao cabeleireiro: precisamos confiar que ele cortará o suficiente, mas não demais.

Numa visão profética, vi o Senhor junto a um arbusto com tesouras de poda. O reflexo da luz fazia as tesouras prateadas cintilarem. Ele abria e fechava as tesouras rapidamente, como que para enviar um sinal audível para o arbusto de que ele estava prestes a realizar uma cirurgia indesejada.

Na visão, o Senhor começou a podar o arbusto, cortando cuidadosamente aqui e ali, e então dando um passo para trás para examinar seu trabalho. O arbusto ficou plano no topo, como uma obra de arte cuidadosamente esculpida, mas ele não se deu por satisfeito. Olhou para a base do arbusto, para a parte grossa de madeira que estava enfiada no solo. Viu ervas daninhas crescendo em torno dela.

Com as luvas de jardinagem, puxou cada erva com precisão, arrancando a raiz inteira de cada uma, mas deixando a base do arbusto intocada. Então jogou fertilizante ao redor da base do arbusto, e quase que instantaneamente flores lindas começaram a brotar no topo.

Ouvi o Senhor dizer:

É verdade, estou podando a sua vida. Estou podando seus relacionamentos. Estou cortando todas as coisas que impedem o crescimento em sua vida. Estou arrancando as ervas daninhas e lidando com as pequenas raposas que estão estragando a vinha. Enquanto eu estiver podando, você pode sentir a dor da perda, mas entenda que a alegria do crescimento seguirá ao ajuste.

Minha noiva está em uma estação de poda por causa de lealdades falsas e obras carnais que a levaram para um lugar que eu não tinha planejado para ela. Em alguns estou podando a ambição egoísta. Em outros estou podando uma mentalidade de desempenho que os mantém longe da minha presença por causa do trabalho. Em outros estou podando atitudes que os afastam de seus sonhos.

Eu peguei minhas tesouras de poda para cortar coisas que impedem que você produza um fruto que permanece para a minha glória. Então submeta-se à poda porque, como ao arrancar um curativo, a dor é temporária. Uma alegria maior está vindo. Uma paz maior está vindo. Uma produtividade maior está vindo como resultado desta estação de poda.

Isso é uma instrução clara para certas estações. Talvez, em estações de poda, você se sinta como se o inimigo estivesse roubando de você, e quase sempre isso é doloroso. Mas é necessário.

DEUS, O VINICULTOR

Você já foi à Disney? Há arbustos na forma de personagens e animais das histórias em quadrinhos de Walt Disney, incluindo a Minnie, o

Mickey, elefantes e cachorros. A jardinagem é meticulosa. Esse resultado é obtido com tesouras de poda — ferramentas que os jardineiros usam para cortar galhos de arbustos e árvores. Tesouras de poda são usadas para podar — ou seja, para eliminar partes que crescem fora do padrão, ou que são desnecessárias, ou que estragam a beleza do arbusto. Jesus disse:

> Eu sou a videira verdadeira, e meu Pai é o agricultor. Todo ramo que, estando em mim, não dá fruto, ele corta; e todo que dá fruto ele poda, para que dê mais fruto ainda. Vocês já estão limpos, pela palavra que lhes tenho falado. Permaneçam em mim, e eu permanecerei em vocês. Nenhum ramo pode dar fruto por si mesmo, se não permanecer na videira. Vocês também não podem dar fruto, se não permanecerem em mim.
>
> Eu sou a videira; vocês são os ramos. Se alguém permanecer em mim e eu nele, esse dá muito fruto; pois sem mim vocês não podem fazer coisa alguma. Se alguém não permanecer em mim, será como o ramo que é jogado fora e seca. Tais ramos são apanhados, lançados ao fogo e queimados. Se vocês permanecerem em mim, e as minhas palavras permanecerem em vocês, pedirão o que quiserem, e lhes será concedido. Meu Pai é glorificado pelo fato de vocês darem muito fruto; e assim serão meus discípulos. (João 15:1-8)

Podar faz parte do processo para nos ajudar a atravessar a porta estreita e seguir nosso destino profético. Deus cortará da sua vida pessoas, lugares e coisas que não estão mais produzindo fruto. Quando transformamos qualquer coisa em ídolo, Deus costuma removê-la. Quando pessoas se tornam tóxicas para o nosso progresso, Deus costuma removê-las. Quando uma tarefa é completada, Deus costuma remover a graça para continuar como sinal de que ela está terminada.

Quando permitimos que Deus nos pode — o que pode ser doloroso e até causar tristeza —, estamos nos posicionando para o crescimento exigido para subir para o próximo nível do nosso destino profético. Resistir não adianta. É inútil, porque isso faz parte da nossa transformação de glória em glória na imagem de Cristo. Quando você foi salvo, deu ao Vinicultor a permissão de podar. Dói muito menos se você se entregar e receber seu consolo ao longo do processo.

JESUS PAGOU O PREÇO MAIS ALTO

Colocando nosso sofrimento em perspectiva, precisamos lembrar que Jesus pagou o preço mais alto pela nossa salvação. A vida eterna em Cristo é uma dádiva gratuita de Deus (Romanos 6:23). Paulo disse: "Acaso não sabem que o corpo de vocês é santuário do Espírito Santo que habita em vocês, que lhes foi dado por Deus, e que vocês não são de si mesmos? Vocês foram comprados por alto preço. Portanto, glorifiquem a Deus com o corpo de vocês" (1Coríntios 6:19-20). E novamente: "Vocês foram comprados por alto preço; não se tornem escravos de homens" (1Coríntios 7:23).

Quando criança, eu assistia a programas como *A Família Sol--Lá-Si-Dó*. Houve um episódio na quinta temporada desse programa chamado "Guarda do meu irmão". Bobby e Peter estavam fazendo algum trabalho do lado de fora quando uma escada quase caiu em Peter. Bobby foi socorrer, empurrando Peter para fora do caminho da escada. Peter decidiu que Bobby tinha salvo sua vida e passou a fazer de tudo para servi-lo, como sinal de sua gratidão. Nossa atitude deveria ser igual. Jesus realmente salvou nossa vida. Ele não impediu apenas que fôssemos feridos. Ele nos salvou do eterno fogo do inferno. Jesus deu sua vida em resgate por muitos (Marcos 10:45). O mínimo que podemos fazer é servi-lo, independentemente do custo pessoal.

Nas Escrituras, Paulo descreveu a si mesmo várias vezes como escravo de Jesus Cristo. Segundo *The KJV New Testament Greek Lexicon*, "escravo" se refere metaforicamente também a "aquele que se entrega à vontade de outro e cujo serviço é usado por Cristo para avançar e ampliar sua causa entre os homens" e "aquele que se dedica a outro ignorando seus próprios interesses". Você se vê dessa forma? Deveria.

Paulo pagou um preço alto, que explicou à igreja em Filipo. Ele explicou como foi circuncisado no oitavo dia segundo o costume judaico. Ele era da tribo de Benjamim, considerado um hebreu dos hebreus, da classe dos fariseus. Ele era zeloso e sem culpa segundo a justiça que é a lei (Filipenses 3:5-6). Depois de seu encontro com Jesus na estrada para Damasco, onde ele planejava perseguir mais cristãos, perdeu sua posição de proeminência na religião judaica e se tornou ele mesmo objeto de perseguição.

> Mas o que para mim era lucro, passei a considerar perda, por causa de Cristo. Mais do que isso, considero tudo como perda, comparado com a suprema grandeza do conhecimento de Cristo Jesus, meu Senhor, por cuja causa perdi todas as coisas. Eu as considero como esterco para poder ganhar a Cristo e ser encontrado nele, não tendo a minha própria justiça que procede da lei, mas a que vem mediante a fé em Cristo, a justiça que procede de Deus e se baseia na fé. Quero conhecer a Cristo, ao poder da sua ressurreição e à participação em seus sofrimentos, tornando-me como ele em sua morte para, de alguma forma, alcançar a ressurreição dentre os mortos. (Filipenses 3:7-11)

ENTREGANDO NOSSA VONTADE

Essa é a mentalidade que devemos ter. É a mesma mentalidade que cristãos perseguidos no Oriente Médio e na Ásia têm adotado. Quando você assume a mentalidade de um escravo, não se trata mais da sua vontade, e o custo não importa.

Quando Jesus estava se preparando para morrer na cruz e pagar o preço por nossos pecados, suou grandes gotas de sangue no jardim de Getsêmani. Ele não queria suportar a dor e a vergonha que estava prestes a enfrentar, mas o fez mesmo assim. Ele o fez por você. Ele pagou o preço por você. Leiamos o relato em Mateus 26:36-44, por razões de ênfase:

> Então Jesus foi com seus discípulos para um lugar chamado Getsêmani e disse-lhes: "Sentem-se aqui enquanto vou ali orar". Levando consigo Pedro e os dois filhos de Zebedeu, começou a entristecer-se e a angustiar-se. Disse-lhes então: "A minha alma está profundamente triste, numa tristeza mortal. Fiquem aqui e vigiem comigo".
>
> Indo um pouco mais adiante, prostrou-se com o rosto em terra e orou: "Meu Pai, se for possível, afasta de mim este cálice; contudo, não seja como eu quero, mas sim como tu queres".
>
> Então, voltou aos seus discípulos e os encontrou dormindo. "Vocês não puderam vigiar comigo nem por uma hora?", perguntou ele a Pedro. "Vigiem e orem para que não caiam em tentação. O espírito está pronto, mas a carne é fraca".
>
> E retirou-se outra vez para orar: "Meu Pai, se não for possível afastar de mim este cálice sem que eu o beba, faça-se a tua vontade". Quando voltou, de novo os encontrou dormindo, porque seus olhos estavam pesados. Então os deixou novamente e orou pela terceira vez, dizendo as mesmas palavras.

Todos relutam às vezes em pagar o preço para fazer a vontade de Deus, e isso não é pecado. Mas em algum momento precisamos alcançar o ponto em que estamos dispostos e somos obedientes para sacrificar tudo que ele quer que sacrifiquemos. Deus chamou você para fazer determinadas coisas. Você está disposto a pagar o preço? Não responda com pressa. Ore sobre isso. Calcule o preço e esteja pronto para dar sua resposta com confiança.

Leonard Ravenhill, um evangelista britânico e autor de muitos livros, certa vez disse que poucos cristãos têm pagado o preço de entregar sua vida e se dedicar completamente a Cristo. Menos ainda estão dispostos a tomar sobre si a cruz diariamente. Poucos pagam o preço, porque estão muito à vontade neste mundo. Precisamos chegar ao ponto em que sabemos que não podemos sobreviver sem uma ação poderosa de Deus.

Essa sou eu. E quanto a você?

CAPÍTULO 6
DISCERNINDO HORAS E TEMPORADAS

Eu nunca tinha entrado em uma igreja como aquela antes. A adoração nos elevava à presença de Deus de uma maneira que eu nunca tinha experimentado. E eu sabia que estava em casa. Pensei que essa igreja seria meu lar por muito, muito tempo.

Dentro de segundos, o Espírito Santo me disse que era um "lugar seguro para esta temporada". Eu me regozijei ao saber que era um lugar seguro após ter saído de uma igreja espiritualmente abusiva. Mas, ao mesmo tempo, meu coração se desanimou quando o Espírito disse que era "para esta temporada". No momento em que entrei na igreja, eu não quis mais sair daquele lugar.

Veja, para tudo há uma temporada, um tempo para cada propósito embaixo do céu (Eclesiastes 3:1). Eu tinha entrado em uma temporada de refresco e restauração após escapar de uma congregação na qual controle e manipulação mantinham muitos em escravidão. O Espírito Santo precisava curar-me, após pastores terem trabalhado para me envergonhar. E eu precisava de descanso para minha alma cansada, que tinha sido obrigada a um desempenho que ultrapassava a graça de Deus.

Quando a obra do Espírito Santo estava feita, aquela temporada terminou, e ele me enviou para trabalhar para ele em uma nova vinha. O Senhor quase teve que me empurrar fisicamente pela porta para partir quando a temporada tinha chegado ao fim, porque eu não queria sair dali! Digamos que minha transição não foi graciosa. Eu resisti ao movimento seguinte de Deus na minha vida. Deus teve que tornar as coisas tão desagradáveis para mim, que não tive escolha senão partir.

DISCERNINDO SUAS TEMPORADAS

Se você visitar círculos proféticos, ouvirá muito sobre "temporadas". Parece que profetas estão sempre profetizando sobre temporadas. O que é uma temporada? Em termos naturais, uma temporada pode ser um tempo caracterizado por um aspecto ou circunstância especial — como a temporada de beisebol. Uma temporada pode ser um tempo oportuno ou natural para uma ocasião — como um tempo para liderar uma equipe. Uma temporada pode ser um período indefinido ou associado a uma fase ou atividade.

Todas as definições acima estão incluídas no dicionário *Merriam-Webster*. Você pode aplicar tudo isso ao mundo espiritual, e estar em várias temporadas ao mesmo tempo. Você pode estar em uma temporada de fome em suas finanças e em uma temporada de promoção no espírito. Pode estar em uma temporada de paz no relacionamento, mas em uma temporada de guerra no espírito. Pode estar em uma temporada de crescimento e em uma temporada de mudança ao mesmo tempo.

Sabemos que não devemos nos desanimar em fazer o bem, porque colheremos se não desistirmos — em seu devido tempo (Gálatas 6:9). Sabemos que, se meditarmos sobre a Palavra dia e noite, seremos como árvores plantadas junto a rios de água, produzindo fruto em sua estação e prosperando em tudo que fazemos (Salmos 1:2-3). Mas devemos também saber que é Deus que muda os tempos e as estações (Daniel 2:21). Deus criou a Lua para demarcar as estações, e o Sol conhece a hora em que deve se pôr (Salmos 104:19). Somos chamados para estar prontos dentro e fora da temporada (2Timóteo 4:2).

DISCERNINDO HORAS E TEMPORADAS

A Bíblia tem muito a dizer sobre temporadas, mas nem sempre é fácil discernir a temporada em que estamos. Nem sempre temos um profeta à mão para anunciar nossas temporadas. É importante saber em que estação você está para que você possa se vestir de acordo com ela.

Eu sou da Flórida. Fui para o Alasca em uma missão jornalística muitos anos atrás e não imaginava quão dramática a mudança em termos de estações realmente seria. Eu congelei! Tive pesadelos de dedos congelados. Foi doloroso! Se você não estiver ciente da sua estação, não se vestirá corretamente no espírito para navegá-la, e sofrerá de um jeito ou de outro.

Como, então, você sabe em que temporada está? Algumas estações são fáceis de discernir. Se a guerra espiritual não para, é provável que você esteja em uma temporada de guerra. Se você não estiver sentindo a presença de Deus e recebendo uma revelação da Palavra, é provável que esteja em uma temporada de seca. Se tudo que puder dar errado estiver dando errado, é provável que você esteja em uma temporada de testes e provações. Se o dinheiro estiver correndo atrás de você e ultrapassando você, parece que você está em uma temporada de abundância.

Nem sempre é fácil fazer a transição de uma temporada para outra, mesmo sob as melhores condições. Até mesmo grandes bênçãos podem trazer transições difíceis. A chave para uma boa transição é primeiro discernir a mudança de estações.

Quando você perceber que as coisas estão começando a trovejar em sua vida, pergunte ao Espírito Santo o que está acontecendo. Lembre-se das orações que você fez em semanas, meses e anos recentes. Procure as palavras proféticas que foram ditas sobre sua vida. E continue em oração. Isso ajudará você a distinguir entre o trabalho do inimigo e a obra do Espírito Santo em sua vida, o que nem sempre é óbvio — especialmente diante de uma perda.

Uma vez que você descobriu que o Senhor está levando você para uma nova temporada, entre em acordo com ele rapidamente.

A Bíblia diz: "Duas pessoas andarão juntas se não estiverem de acordo?" (Amós 3:3). Entregue sua vontade à vontade do Senhor e seja sensível à liderança do Espírito Santo. Quando fizer isso, você encontrará paz e alegria mesmo em meio às transições mais difíceis. Quando resistimos à vontade do Senhor, ficamos sem a graça que precisamos para estar à altura da ocasião para a qual ele está nos chamando. Ele dá graça para humilhar e ele nos dá a graça para ser humildes.

Então, não importa em que temporada você se encontre agora — e não importa qual é a temporada que o Senhor planejou para você em seguida: tenha coragem. O Senhor lhe diria: "Porque sou eu que conheço os planos que tenho para vocês, [...] planos de fazê-los prosperar e não de lhes causar dano, planos de dar-lhes esperança e um futuro" (Jeremias 29:11). As estações podem mudar. Ventos podem soprar. Mas Deus é o Deus de todas as estações.

DISCERNINDO A HORA DE DEUS

Os filhos de Issacar são descritos como homens que entendiam os tempos e que sabiam o que Israel deveria fazer (1Crônicas 12:32). A tradução New Living usa a expressão "sinais do tempo". A International Standard Version expressa da seguinte maneira: "Eles se mantiveram atualizados em seu entendimento dos tempos". E a Brenton Septuagint Translation diz que eles tinham "sabedoria em relação aos tempos".

A fim de estarmos no lugar certo, na hora certa, precisamos nos posicionar como os filhos de Issacar para poder entender o que Deus está fazendo em nossa vida — e em nossa família, nossa igreja, nossos negócios etc. — e responder com sabedoria. Deus não quer que sejamos como aqueles dos quais falou em Jeremias 8:7: "Até a cegonha no céu conhece as estações que lhe estão determinadas, e a pomba, a andorinha e o tordo observam a época de sua migração. Mas o meu povo não conhece as exigências do Senhor". Se criaturas mais baixas conseguem observar os tempos e reagir, nós podemos fazer o mesmo com a ajuda do Espírito Santo.

Sabemos que há um tempo para semear e um tempo para colher (Gênesis 8:22). Sabemos que a visão espera o tempo certo (Habacuque 2:3). Sabemos que nossa vida é como uma névoa que aparece por pouco tempo (Tiago 4:13-14). Sabemos que o inimigo tenta mudar os tempos (Daniel 7:25). Mas sabemos que nossos tempos estão nas mãos de Deus (Salmos 31:14-15). E sabemos que há a plenitude do tempo quando uma temporada termina (Efésios 1:10).

Uma hora pode surgir dentro de uma estação. Uma hora é mais específica do que uma temporada. Uma temporada pode ser indefinida, mas uma hora é um momento, um ponto ou um período. As temporadas terminam, mas a hora passa. Como, então, você pode discernir a hora do Senhor, que é sempre absolutamente perfeita?

A oração é vital para que você possa ouvir a voz de Deus, mas, sejamos sinceros, nem sempre conseguimos ouvi-lo. Às vezes a voz das nossas circunstâncias fala mais alto do que sua voz baixa e pequena. Às vezes nossas emoções gritam. Às vezes o inimigo faz muito barulho.

Uma profecia pode anunciar a hora de Deus em nossa vida. Um conselho sábio de líderes espirituais pode apontar você para a hora de Deus em sua vida. O Espírito Santo conhece muitas maneiras de revelar sua hora perfeita para fazer ou não fazer algo.

Mesmo que raramente nos sintamos totalmente preparados para o que Deus está nos chamando para fazer, se você estiver totalmente despreparado para o próximo passo em seu destino profético — seja ele um novo emprego, formar uma família, uma viagem missionária ou qualquer outra coisa —, é provável que não seja a hora de Deus. Preparo é a chave para o sucesso. Deus pode estar lhe mostrando algo, mas o tempo para deslanchar está no futuro. Tudo bem; prepare-se agora.

Quando chegar a hora de Deus para realizar sua promessa para a vida ou o desejo que ele colocou em seu coração, você sentirá a graça para agir. A palavra traduzida como "graça" no Novo Testamento vem da palavra grega *charis*, que significa "favor", "bênção" ou "bondade", segundo o *The KJV Greek New Testament Lexicon*. Mas "graça" é também poder de Deus. O Espírito Santo é chamado de o Espírito da Graça (Hebreus 10:29). O poder — ou a graça — que ressuscitou Cristo dentre os mortos reside em você. Deus ressuscitou Cristo dentre os mortos pelo poder do Espírito Santo.

Assim, quando a hora de Deus chegar, você se sentirá empoderado. As pessoas lhe mostrarão bondade. Você discernirá o favor de Deus em situações. A provisão estará disponível. Quando há graça, há impulso do Espírito Santo. Quando a graça de Deus está sobre algo, tudo parece mais fácil do que deveria ser.

Mesmo se houver guerra, a graça dele basta para você expulsar o mensageiro de Satanás ou arrancar o espinho que ele está enfiando em você. Paulo escreveu: "Mas, pela graça de Deus, sou o que sou, e sua graça para comigo não foi em vão; antes, trabalhei mais do que todos eles; contudo, não eu, mas a graça de Deus comigo" (1Coríntios 15:10).

QUANDO ACABA O TEMPO

Quando, porém, a graça se afasta, é possível que esteja na hora de desistir. Como já mencionei neste livro, eu fiquei tempo demais em muitos lugares. Historicamente, fiquei me agarrando a coisas das quais eu precisava abrir mão. O Senhor me ajudou a romper essa tendência quando me mudei e peguei as chaves da minha casa nova.

Eu tenho uma chave em meu colar. Na verdade, tenho vários colares com chaves diferentes. Em uma, gravei a palavra *Fé*. Outra diz *Sonhe alto*. Outra diz *Crie*. Algumas são de prata. Outras são pretas. Algumas são de cobre. Chame isso de um tique profético. Comecei a usar colares quando recebi a revelação de Isaías 22:22:

"Porei sobre os ombros dele a chave do reino de Davi; o que ele abrir ninguém conseguirá fechar, e o que ele fechar ninguém conseguirá abrir".

Na esfera da oração, usamos a chave de Isaías 22:22 com autoridade governamental para destrancar portas que Deus profeticamente nos instrui a abrir para a sua glória e para trancar portas que ele quer trancadas para o inimigo. Como embaixadores de Cristo, essa é uma estratégia de travar uma guerra profética e legislar no espírito.

Eu recebi uma nova revelação enquanto estava me mudando para um novo lar. Como parte de tomar posse da propriedade, recebi três chaves e usei uma delas para abrir a tranca de uma porta de 2,15 metros. Quando abri essa porta dada por Deus, entrei no meu *loft* dos sonhos num ambiente urbano com artistas, fotógrafos e cafeterias cercando minha morada.

Enquanto abria as caixas, percebi que minha amiga tinha um chaveiro com apenas três chaves. Aquilo me deixou perplexa; meu chaveiro tinha no mínimo 18 chaves. Além das três chaves novas para o meu lar, eu tinha chaves de caixas postais, chaves de carro, chaves da igreja e várias outras. Essas chaves eram tão pesadas, que literalmente pesavam na minha bolsa.

Naquele momento, declarei que reduziria minhas chaves. Acabei com seis. Para ser honesta, eu nem lembrava para que servia a maioria daquelas outras chaves. Se eu estivesse em um programa de TV e o apresentador me perguntasse qual chave abria qual porta, eu teria me feito de boba.

A lição é esta: muitos de nós se agarram a chaves de portas do passado que não estão apenas fechadas — as fechaduras foram trocadas. Carregamos um chaveiro com chaves para portas que já esquecemos há muito tempo. De alguma forma, trancamos a porta e ficamos com a chave — e essas chaves estão nos puxando para baixo.

Hebreus 12:1 nos exorta: "Livremo-nos de tudo o que nos atrapalha e do pecado que nos envolve, e corramos com perseverança a corrida que nos é proposta".

Não podemos correr nossa corrida com perseverança se não nos esquecermos daquilo que ficou para trás — as portas fechadas, os relacionamentos fracassados, as provações da vida. Não podemos percorrer o trecho que Deus estabeleceu para nós sem nos esgotarmos, se não abrirmos mão dos pesos que o inimigo quer que carreguemos.

Tirar do meu chaveiro aquelas chaves supérfluas para portas do passado foi como livrar-me de um fardo pesado — não só na minha bolsa, mas também na minha mente. Foi um ato profético semelhante a Filipenses 3:13-14: "Irmãos, não penso que eu mesmo já o tenha alcançado, mas uma coisa faço: esquecendo-me das coisas que ficaram para trás e avançando para as que estão adiante, prossigo para o alvo, a fim de ganhar o prêmio do chamado celestial de Deus em Cristo Jesus".

NÃO TENHA MEDO DAS MUDANÇAS DE TEMPO

Eu não gosto quando o tempo muda — ou quando mudo de fuso horário. Duas vezes por ano, saltamos para frente ou para trás. Isso perturba meu ritmo de sono, e eu sou bastante rígida quando se trata do meu sono. Também faço viagens internacionais com tanta frequência, que meu corpo é jogado para frente e para trás em vários fusos horários e, às vezes, é difícil saber que horas são. É confuso!

Isso acontece muitas vezes quando estamos fazendo a transição para uma nova temporada à medida que avançamos em nosso destino profético. E isso torna a mudança uma experiência ainda mais desafiadora e confusa do que seria necessário. Normalmente, não é rebeldia que nos impede de fazer a transição para o novo lugar para o qual Deus quer nos levar. Muitas vezes, é apenas ignorância, imaturidade ou medo de mudanças. Mas não agir na hora de Deus pode ter consequências indesejadas, como problemas no relacionamento, perda financeira e estresse. Precisamos discernir profeticamente as horas e as temporadas em que estamos e avançar com o Espírito Santo.

Em Eclesiastes 3:3, o pregador disse que há um tempo para derrubar e um tempo para construir. Você está derrubando o que Deus está tentando construir em sua vida porque você se recusa a abrir mão daquilo que ficou para trás e a avançar para aquilo que está à frente: o pregador disse que há um tempo para ganhar e um tempo para perder (v. 6). Você está tentando se agarrar a algo que Deus quer que você solte? Semelhantemente, o pregador disse que há um tempo para guardar e um tempo para jogar fora (v. 6). Você reconhece um tema recorrente aqui? Não devemos nos agarrar a algo que Deus quer que soltemos para que possamos avançar para a próxima temporada de bênçãos que ele ordenou para nós.

Às vezes, abrir mão significa, sob a direção de Deus, desistir de amigos que têm sido uma influência negativa em sua vida. Isso aconteceu comigo várias vezes. O Espírito Santo me orientou a abandonar a Flórida e todos que eu conhecia 11 anos atrás, a fim de tirar todos os relacionamentos tóxicos da minha vida. Eu tive uma ousadia sobrenatural para partir, mas, quando cheguei a esse ponto, a minha transição não foi boa. Certa vez, o Espírito Santo me disse:

Você precisa buscar a mudança, não resistir a ela. Essa é a perspectiva que você precisa ter. Para tudo há uma estação. Abrace cada temporada à medida que ela vier, mas esteja pronta para abraçar as mudanças quando ela terminar. As dificuldades que muitos enfrentam ocorrem na transição de uma temporada para a próxima. Em vez de buscar minha vontade, elas permitem que o medo seja uma pedra de tropeço naquilo que seria um tempo de grande progresso e crescimento.

Mudanças, grandes mudanças ocorrem durante as transições, porque durante esses tempos sua fé é testada. Você deve abrir mão daquilo que é confortável antes de conseguir a coisa maior à frente. Mas fé é um descanso, e o Consolador está aqui para orientar e guiar você da glória anterior para a glória seguinte. Abrace a mudança. Busque maneiras de se aprimorar e esteja pronta para receber as bênçãos que eu tenho para você no próximo lugar.

A TEMPORADA DO DESERTO

A experiência do deserto — ou, como dizem alguns, a escura noite da alma — pode ser mais do que um pouco desagradável. Uma das temporadas de deserto mais dramáticas que vivenciei veio logo após eu ser salva. Perdi tudo e me senti guiada para me mudar para o meio do nada, onde eu não conhecia ninguém, para começar do zero.

Esse "meio do nada" era uma pequena cidade no Alabama. Foi pior do que eu poderia ter imaginado. Pensei que certamente tinha perdido Deus. Eu era uma garota da cidade, e agora estava olhando para vacas que ruminavam. Essa cidade era tão pequena, que não tinha nem mesmo um McDonald's ou um cinema. A maioria das igrejas era super-religiosa, e os cristãos eram fofoqueiros glorificados. Quando cheguei à cidade, tive que ir até um escritório pequeno para ligar a minha eletricidade. O funcionário me alertou sobre o fato de que eu já era a fofoca da cidade, e que deveria ficar atenta.

Lembro-me de me sentar no meio-fio em minha nova vizinhança três dias após minha chegada e de chorar porque eu não conhecia uma alma sequer — e nem sabia se queria conhecer alguém àquela altura. Eu fiquei ali por 13 meses e resisti à transição durante 12 daqueles meses. Então chegou a hora de matricular minha filha no jardim de infância. Eu enfrentei o Senhor. Disse a ele que não queria passar a minha vida ali. Eu não entendia que aquela era apenas uma temporada. Que isso lhe sirva como lição. Às vezes pensamos que nossas temporadas são para sempre, mas tudo na vida, com exceção de Deus, está sujeito a mudanças.

Quando vi que não tinha como fugir, matriculei minha filha na escola. Eu disse a Deus: "Tudo bem, então ficarei aqui para sempre". Mais ou menos uma semana depois, o Senhor realmente lidou comigo, e eu me arrependi. Não é coincidência que o Senhor me mandou de volta para o Sul da Flórida com uma oferta de um emprego editorial em tempo integral e um apartamento em frente ao mar um mês após eu lhe dizer: "Eu não gosto daqui, mas se quiseres que eu fique aqui pelo resto da minha vida, eu ficarei". Uma vez que me entreguei, Deus sabia que eu estava pronta para voltar e lutar contra leões, tigres e ursos proverbiais no Sul da Flórida. Poucas semanas mais tarde, eu estava olhando para o Atlântico pela minha janela, glorificando a Deus pela nova temporada.

Talvez você ainda esteja em transição. Se esse for o caso, lembre-se: não podemos fazer o papel de Deus, e Deus não fará o nosso papel. Nosso papel é preparar-nos para a mudança — e isso significa criar um clima que prepara o palco para Deus agir em nossa vida. Isso pode ser uma correção de atitude, como no meu caso, ou crescimento espiritual, ou uma entrega maior, ou alguma outra coisa que Deus quer que resolvamos antes da nossa próxima mudança. Não podemos mudar nossas temporadas — é Deus que faz isso. Mas podemos criar um clima que o convida a fazer o trabalho no nosso coração, preparando-nos para a próxima temporada.

SETE CHAVES PARA COMPLETAR SUA MUDANÇA ESTRATÉGICA

Lembre-se de que a qualidade — e, às vezes, a rapidez — da sua transição depende de, no mínimo, sete perguntas. Descobri os princípios que elas revelam como verdadeiros em cada temporada.

1. Quanto você confia em Deus?

Você não seguirá a Deus se não confiar nele. Muitas mudanças — até mesmo mudanças que trazem aumento e bênção para a sua vida — parecem exigir um esforço que ultrapassa nossos limites naturais.

Elas podem nos levar bem além da nossa zona de conforto. Confiar em Deus significa andar pela fé, e não pela visão (2Coríntios 5:7). Não conseguimos ver Deus com nossos olhos naturais, mas podemos discernir a liderança do Espírito Santo e segui-lo com a fé de uma criança, sabendo que, mesmo quando o interpretamos errado, ele nos protege.

2. Você conhece a Palavra?

"A fé vem por ouvir a mensagem, e a mensagem é ouvida mediante a palavra de Cristo" (Romanos 10:17). Se quiser preparar sua fé para a mudança, você precisa meditar sobre a Palavra dia e noite (Josué 1:8). Se quiser ter sucesso em sua transição, fique atento ao que diz a Palavra. Conhecer e agir de acordo com a Palavra lhe ajudará em tempos de mudanças sazonais.

3. Você está entregue ao Espírito?

Tiago 4:7 nos diz: "Portanto, submetam-se a Deus. Resistam ao diabo [permaneçam firmes contra ele], e ele fugirá de vocês". Entregar-se ao Espírito de Deus não eliminará toda guerra em sua mudança, mas produzirá paz nas tempestades que costumam vir nos tempos de transição.

4. Como está sua vida de oração e jejum?

A oração é a nossa linha vital com Deus. O jejum crucifica nossa carne. Juntos, a oração e o jejum são um golpe duplo contra a natureza carnal e as armas espirituais do inimigo para roubar a nossa safra. Principalmente em tempos de transição, nem sempre sabemos orar da forma como deveríamos. Se orar no Espírito, isso lhe edificará em sua mais santa fé (Judas 20) e você falará mistérios (1Coríntios 14:2).

5. Você está ardendo por Deus?

Buscar a intimidade com Deus deveria ser um estilo de vida, não algo que fazemos quando estamos desesperados ou em transição. Quando vivemos segundo o Salmo 27 — escolhendo ser uma pessoa de uma só coisa —, vivemos, agimos e temos nossa existência em Deus (Atos 17:28). Somos mais sensíveis aos seus esforços de nos mostrar as coisas que estão por vir (João 16:13).

6. Você tomou a decisão de não desistir?

Transições não são fáceis, e você se sentirá tentado a desistir. Você precisa decidir em seu coração, de antemão, que nada impedirá você de caminhar na vontade de Deus. Lembre-se de Gálatas 6:9: "Não nos cansemos de fazer o bem, pois no tempo próprio colheremos, se não desanimarmos".

7. Com quem você está alinhado?

Com quem você está conectado importa. Uma corda tripla não é rompida facilmente (Eclesiastes 4:12). Mas se estiver amarrado às pessoas erradas você pode desencadear um fluxo ruim em sua vida. Se você estiver aceitando conselhos ímpios (Salmos 1:1) ou andando na companhia de pessoas com uma moralidade corrompida, isso afetará sua vida espiritual (1Coríntios 15:33).

Lembre-se, nós não podemos mudar nossas temporadas — é Deus que faz isso. Mas podemos criar um clima que o convida a operar em nosso coração e que nos prepara para a próxima temporada. Se seguir essas orientações, você se posicionará para uma mudança oportuna.

CAPÍTULO 7
NÍVEL NOVO, DIABO NOVO

Provavelmente você já ouviu alguém dizer: "Nível novo, diabo novo". Bem, sabemos que não existem novos diabos nem novas estratégias, mas o diabo que se opõe a você em cada nível novo do seu destino profético pode ser feroz. Ele lutará contra você com unhas e dentes para lhe impedir de alcançar o próximo nível, e então lutará contra você com todas as suas armas enquanto você estiver no próximo nível.

Se quiser cumprir seu destino profético, você terá que enfrentar resistência. Terá que resistir à resistência para alcançar cada nível novo e permanecer ali. Não quero lhe dizer que a guerra nunca termina, mas a realidade é que nós estamos em uma guerra. Temporadas de guerra se levantarão contra você enquanto você seguir a vontade de Deus para a sua vida. Se quiser ouvir o Senhor dizer: "Bem-feito, servo bom e fiel" no Dia do Juízo, terá que sair de sua zona de conforto e entrar na zona de guerra. A notícia boa é: Deus é por você — e, se Deus é por você, quem será contra você (Romanos 8:31)?

Enquanto seguia seu apostolado, Paulo escreveu: "Se abriu para mim uma porta ampla e promissora; e há muitos adversários" (1Coríntios 16:9). A tradução de *A Mensagem* diz: "Uma porta enorme de oportunidade para boas obras se abriu aqui. (Há também oposição esmagadora.)" Você pode apostar que haverá oposição esmagadora quando seguir o caminho estreito que leva para a vida — mas saiba disto: a graça de Deus basta (2Coríntios 12:9).

Encontramos a chave vital para a guerra espiritual em Tiago 4:7: "Submetam-se a Deus. Resistam ao diabo, e ele fugirá de vocês". A tradução *Passion* diz: "Submetam-se a Deus. Confrontem o diabo e resistam a ele, e ele dará meia-volta e fugirá de vocês". A *Amplified Classic Version* diz: "Sejam submissos a Deus. Resistam ao diabo [permaneçam firmes contra ele], e ele fugirá de vocês". E a tradução *A Mensagem* diz: "Digam um *sim* silencioso a Deus e ele estará com você num instante".

A realidade é que, se você não estiver resistindo ao diabo, você não está sendo submisso a Deus. Deus não pode resistir ao diabo por nós. Nós é que precisamos resistir. Mas ele nos dá graça — empoderamento divino — para resistir com força e por muito tempo. Nosso *sim* ao destino profético de Deus em nossa vida destrava tudo de que necessitamos — a sabedoria, a estratégia, a força e mais — para resistir ao inimigo até ele fugir. Lembre-se, nem sempre ele foge imediatamente, mas, se você fizer o que a Palavra diz, o inimigo se curvará diante do Cristo que habita em você.

SUPERANDO O ATAQUE DO INIMIGO

Pode parecer que há mais de um diabo se opondo a você enquanto você busca a vontade de Deus para a sua vida. Muitas vezes, é o que acontece. Em círculos de guerra espiritual, amamos Deuteronômio 28:7: "O Senhor concederá que sejam derrotados diante de vocês os inimigos que os atacarem. Virão a vocês por um caminho, e por sete fugirão".

Posso ouvir alguns de vocês dizerem "Amém" neste momento. Mas e se o diabo não atacar você apenas de uma maneira enquanto você estiver na estrada para o próximo nível do seu destino profético? E se ele estiver atacando você de sete maneiras que toquem praticamente cada área de sua vida e fizer horas extras em sua mente? E se o bom combate da fé não parecer tão bom no momento?

E se você tiver feito tudo que pôde fazer, e tiver persistido e resistido, mas agora sente que não aguenta mais? E se você tiver resistido ao diabo e se submetido a Deus, mas o inimigo não fugir? E se você se arrependeu, confessou a Palavra de Deus, decretou, declarou, resistiu às trevas, exerceu as chaves de amarrar e libertar do reino, ordenou que o inimigo recuasse e desistisse de suas operações, louvou o quanto pôde, e mesmo assim não consegue obter uma vitória?

Antes de poder vencer um ataque, você precisa discerni-lo. Parece simples, mas nem sempre é intuitivo. O dicionário *Merriam-Webster* define *ataque* como "um assalto; um assalto furioso e assassino; uma luta ou batalha sangrenta". Essa definição vai mais longe e diz: "um ataque violento, um ataque especialmente feroz. É uma blitz, um assalto, uma incursão".

Então, o que fazer quando o ataque se manifesta e você já fez tudo o que sabe fazer, mas nada parece diferente? O que faz quando o escudo da fé começa a ficar pesado demais, quando já perdeu suas botas de paz e sua espada do Espírito parece cega demais para cortar a feitiçaria? O que você faz quando manda mil para a batalha e o inimigo responde enviando dez mil?

Uma vez que reconheceu o ataque pelo que ele é, em primeiro lugar você deve refutar o espírito do medo que acompanha o ataque. Em segundo lugar, deve parar de olhar para o ataque, parar de pensar no ataque, parar de falar sobre o ataque; você deve olhar para o Senhor. Provérbios 3:25-26 nos diz esta verdade: "Não terá medo da calamidade repentina nem da ruína que atinge os ímpios, pois o Senhor será a sua segurança e o impedirá de cair em armadilha".

O CONSELHO ESTRATÉGICO DE PAULO

Os ataques do inimigo não eram novidade para Paulo, o apóstolo. Em 2Coríntios 11, ele relata suas guerras. Em cinco ocasiões ele foi açoitado 39 vezes. Três vezes foi surrado com varas. Foi apedrejado uma vez e naufragou três. Durante suas viagens, foi ameaçado muitas vezes por águas profundas e por bandidos; na cidade e no deserto, encontrou-se em perigo muitas vezes; e nem pôde contar com a ajuda de seus conterrâneos. Frequentemente Paulo não conseguia dormir, passava fome e sede; sentia frio e se sentia nu — e ainda carregava o peso da Igreja em seus ombros!

A despeito de tudo isso, o conselho de Paulo foi claro: "de forma alguma deixar-se intimidar por aqueles que se opõem a vocês. Para eles isso é sinal de destruição, mas para vocês de salvação, e isso da parte de Deus" (Filipenses 1:28). Veja bem, Paulo sabia que a confiança no poder libertador de Deus era a única maneira de escapar da guerra e de entrar em seu destino profético. Ele sabia que medo e fé não podem coexistir em um mesmo coração. Ele sabia que Deus o libertaria se ele acreditasse naquilo que Deus disse. Quando Paulo estava em um navio a afundar, disse aos seus captores:

> Mas agora recomendo-lhes que tenham coragem, pois nenhum de vocês perderá a vida; apenas o navio será destruído. Pois ontem à noite apareceu-me um anjo do Deus a quem pertenço e a quem adoro, dizendo-me: 'Paulo, não tenha medo. É preciso que você compareça perante César; Deus, por sua graça, deu-lhe as vidas de todos os que estão navegando com você'. Assim, tenham ânimo, senhores! Creio em Deus que acontecerá do modo como me foi dito. (Atos 27:22-25)

O medo veio bater à porta durante o ataque, mas eles se recusaram a vacilar. Eles se recusaram a acreditar naquilo que viam com seus olhos naturais, naquilo que sentiam com suas emoções fracas ou naquilo que fabricavam em sua imaginação. Decidiram confiar em Deus e continuar buscando a vontade de Deus.

Em essência, um ataque é o inimigo vindo como uma enchente. O que você faz quando o inimigo ataca sua mente, sua saúde, sua família, suas finanças, sua propriedade física, suas amizades e mais? Você se agarra a estas palavras de Isaías 59:19 sobre o nosso Senhor Guerreiro que luta por nós: "Desde o poente os homens temerão o nome do Senhor, e desde o nascente, a sua glória. Pois ele virá como uma inundação impelida pelo sopro do Senhor".

Sim, devemos nos arrepender, resistir, declarar, decretar, ordenar, amarrar, soltar e permanecer firmes, mas no fim das contas a batalha é do Senhor. Podemos rejeitar as vozes sutis de medo que tentam roubar a nossa fé e confiar que Deus nos levará à vitória, porque ele nos leva para a vitória em Cristo (2Coríntios 2:14). Sempre. Por isso permaneça firme.

QUANDO TEMPESTADES OBSTRUEM SEU CAMINHO

Às vezes, o ataque vem como os ventos de um furacão. Quando recebi a notícia de que o filho do nosso líder de adoração tinha sido diagnosticado com câncer, aquele vento de furacão me deixou sem fôlego. Eu já estava travando quatro ou cinco batalhas espirituais, e aquilo foi um golpe forte. Em meu espírito, fiquei de luto pela família. Então me levantei e lutei por ela.

Veja, ao longo dos anos aprendi que tempestades repentinas acontecem. Eu as comparo com alguém que se aproxima de você por trás com um bastão de beisebol e golpeia sua cabeça. Provavelmente você cairá. Não há vergonha em cair. A pergunta é: você ficará no chão lambendo suas feridas ou se levantará e lutará?

O que você faz nesse momento define a próxima temporada da sua vida.

Provérbios 24:16 diz: "Ainda que o justo caia sete vezes, tornará a erguer-se". O diabo me derrubou muitas vezes, mas eu sempre me levanto. Antigamente eu levava semanas ou meses. Agora, pela graça de Deus, consigo me levantar antes que a noite caia.

Assim como Paulo nos admoestou a não permitir que a noite caia sobre nossa raiva (Efésios 4:26), o Senhor me ensinou a não permitir que a noite caia sobre uma emoção tóxica. Não precisamos nos revirar em compaixão própria, desencorajamento, dor emocional ou coisa parecida durante dias ou semanas sem fim. Podemos correr para Jesus com nossa mágoa, nossa ferida, nosso medo, nossa culpa ou qualquer outro sentimento que surja em nossa alma e encontrar libertação rápida. Podemos decidir submeter-nos a Deus; resistir ao diabo, e eventualmente ele irá fugir (Tiago 4:7). Somos chamados para combater o bom combate da fé (1 Timóteo 6:12).

Esta é a nossa realidade: "O ladrão vem apenas para furtar, matar e destruir; eu vim para que tenham vida, e a tenham plenamente" (João 10:10). Em tempos de provação, precisamos nos lembrar de escolher a vida abundante. Precisamos nos lembrar de que o poder da morte e da vida estão na língua (Provérbios 18:21). Precisamos escolher se acreditaremos nas mentiras do destruidor ou na verdade do Salvador.

Isso significa conhecer a Palavra de Deus. Paulo admoestou Timóteo a "apresentar-se a Deus aprovado, como obreiro que não tem do que se envergonhar, que maneja corretamente a palavra da verdade" (2 Timóteo 2:15). E Apocalipse 12:11 nos diz como vencer: pelo sangue do Cordeiro, pela palavra do nosso testemunho e pelo altruísmo.

Nas tempestades repentinas contra o nosso destino profético, precisamos conhecer a Palavra de Deus e escolher a arma certa para a batalha certa. Reflita sobre isso por um momento: cirurgiões usam lâminas diferentes para procedimentos diferentes. Mecânicos usam ferramentas diferentes para partes diferentes do carro. Jogadores de golfe usam tacos diferentes para áreas diferentes do campo. Semelhantemente, devemos usar as passagens bíblicas certas — a espada certa — para a batalha.

Trave uma guerra profética com passagens curadoras se você estiver doente. Ataque com passagens financeiras quando estiver so-

NÍVEL NOVO, DIABO NOVO

frendo perdas. Use passagens reconciliadoras se você tiver um filho pródigo. Compre uma concordância ou um livro de orações, se necessário. Mas faça com que seu testemunho em meio à sua provação concorde com o Sumo Sacerdote de sua confissão, Jesus (Hebreus 3:1).

Satanás estremece diante do sangue de Cristo porque esse sangue — a vida nesse sangue — o derrotou e derrotou o poder da morte. O sangue derramado de Jesus Cristo lava nosso pecado, batendo a porta na cara do diabo. A salvação veio até você através do sangue. *Sozo*, a palavra grega para *salvação*, significa "salvação", "cura", "libertação", "resgate" e "segurança".

Entre no campo de batalha vestindo toda a sua armadura (Efésios 6:20), mas lembre-se de sempre buscar a Deus no meio da batalha. Muitas vezes estamos em uma missão de caça ao diabo, mas, se buscarmos a Deus em lutas espirituais e tempestades repentinas, ouviremos sua estratégia, receberemos seu poder e encontraremos um caminho mais rápido para a vitória.

Isso não é apenas um mandado espiritual, é sabedoria prática. Durante ataques e tempestades espirituais, nossa mente e nosso corpo se esgotam. Provérbios 24:10 nos alerta: "Se você vacila no dia da dificuldade, como será limitada a sua força!". Devemos nos preparar passando mais tempo com Deus quando tempestades repentinas tentam nos derrubar. Precisamos de um espírito perseverante — força para o homem interior. Isaías 40:31 diz: "Aqueles que esperam no Senhor renovam as suas forças. Voam bem alto como águias; correm e não ficam exaustos, andam e não se cansam".

Você precisa decidir de antemão em seu coração que você não desistirá durante as tempestades repentinas, pois tudo em você tentará convencê-lo a desistir. A verdade é que nenhuma arma forjada contra você pode prosperar (Isaías 54:17). As armas podem se formar e parecer estar prosperando, mas, em sua vida, o inimigo só tem a autoridade que você lhe dá através de medo, dúvida, incredulidade e submissão.

INCREDULIDADE: O INIMIGO DO NOSSO DESTINO PROFÉTICO

Em seu famoso livro *A arte da guerra*, Sun Tzu disse que uma das chaves para a vitória é conhecer seu inimigo. Devemos conhecer primeiro nosso Deus e saber quem somos em Cristo, mas devemos também conhecer o inimigo do nosso destino profético para que não caiamos em suas armadilhas. Paulo disse assim: não ignore os recursos do diabo (2Coríntios 2:11).

Seu inimigo é radical. Ele faz de tudo para cumprir sua parte de João 10:10: roubar, matar e destruir. Como diz Mateus 11:12: "o Reino dos céus é tomado à força, e os que usam de força se apoderam dele". O diabo invadiu suas circunstâncias à força. Os guerreiros espirituais que querem seguir seu destino profético o expulsam em nome de Jesus!

Você tem escolha. Você pode olhar para os gigantes em sua Terra Prometida ou pode olhar para o seu Deus gigante e expulsar os gigantes que obstruem seu caminho. Quando Moisés estava liderando Israel, ele enviou espiões para a Terra Prometida. Números 13:26-29 narra a cena:

> Eles então retornaram a Moisés e a Arão e a toda a comunidade de Israel em Cades, no deserto de Parã, onde prestaram relatório a eles e a toda a comunidade de Israel, e lhes mostraram os frutos da terra. E deram o seguinte relatório a Moisés: "Entramos na terra à qual você nos enviou, onde manam leite e mel! Aqui estão alguns frutos dela. Mas o povo que lá vive é poderoso, e as cidades são fortificadas e muito grandes. Também vimos descendentes de Enaque. Os amalequitas vivem no Neguebe; os hititas, os jebuseus e os amor-

reus vivem na região montanhosa; os cananeus vivem perto do mar e junto ao Jordão".

Que mentalidade de descrença radical! Josué e Calebe, por sua vez, demonstraram uma mentalidade de fé radical. Versículo 30: "Então Calebe fez o povo calar-se perante Moisés e disse: 'Subamos e tomemos posse da terra. É certo que venceremos!'". Nos versículos 31-33, vemos uma luta entre fé e incredulidade:

> Mas os homens que tinham ido com ele disseram: "Não podemos atacar aquele povo; é mais forte do que nós". E espalharam entre os israelitas um relatório negativo acerca daquela terra. Disseram: "A terra para a qual fomos em missão de reconhecimento devora os que nela vivem. Todos os que vimos são de grande estatura. Vimos também os gigantes, os descendentes de Enaque, diante de quem parecíamos gafanhotos, a nós e a eles".

Os dez espiões testificaram que a Terra Prometida era exatamente como Deus tinha dito. Era uma terra em que fluíam leite e mel — e com provisão. Tudo que precisavam fazer era desapropriar os habitantes e se assentar. Mas a descrença fez com que eles se vissem como incapazes. A Bíblia diz que eles se recusaram a entrar na Terra Prometida. Eles eram capazes, mas se recusaram porque se concentravam nos gigantes, e não no Deus que os tinha libertado milagrosamente da escravidão de Faraó.

DESENVOLVENDO UMA MENTALIDADE DE FÉ RADICAL

A Bíblia chama nossa guerra contra o inimigo de "o bom combate da fé" (1 Timóteo 6:12). Precisamos desenvolver intencionalmente uma fé radical através do consumo radical da Palavra de Deus. A Bíblia diz claramente: "A fé vem por ouvir a mensagem, e a mensagem é ouvida mediante a palavra de Cristo" (Romanos 10:17).

Muitos cristãos estão em uma dieta ou em um jejum da Palavra, quando precisariam devorar a Palavra e fazer jejum de algumas refeições, TV, fofoca. Quando atravesso as batalhas contra as promessas de Deus em minha vida, eu alimento meu espírito com a Palavra de Deus de todas as formas possíveis. Encontro versículos específicos, ensinamentos específicos e música de adoração específica que inspiram fé em meu coração.

Davi tinha uma fé radical, e ele profetizou palavras radicais ao gigante que obstruía o caminho de uma promessa que o rei Saul tinha feito: a de aliviar dos impostos qualquer um que derrotasse Golias e dar a mão de sua filha em casamento. Davi disse ao filisteu:

> Você vem contra mim com espada, com lança e com dardo, mas eu vou contra você em nome do SENHOR dos Exércitos, o Deus dos exércitos de Israel, a quem você desafiou. Hoje mesmo o SENHOR o entregará nas minhas mãos, e eu o matarei e cortarei a sua cabeça. Hoje mesmo darei os cadáveres do exército filisteu às aves do céu e aos animais selvagens, e toda a terra saberá que há Deus em Israel. Todos que estão aqui saberão que não é por espada ou por lança que o SENHOR concede vitória; pois a batalha é do Senhor, e ele entregará todos vocês em nossas mãos. (1Samuel 17:45-47)

Como você profetiza palavras radicais? Diga o oposto daquilo que o inimigo está dizendo para você. Se o inimigo lhe disser que você não será capaz de pagar suas contas, confesse que Deus é seu provedor. Se o diabo lhe diz que seu cônjuge morrerá de câncer, confesse que seu cônjuge é curado em nome de Jesus. Veja como Davi inverteu a profecia falsa e a maldição de Golias. 1Samuel 17:44 afirma: "[Golias] disse: 'Venha aqui, e darei sua carne às aves do céu e aos animais do campo'". Lembre Deus de suas promessas. Lembre o diabo de seu destino.

Decida calar a voz do inimigo que está tentando fazer com que você desista de seu destino profético. O destino de Davi era derrotar Golias. Mas Davi não o derrubou. Davi cortou sua cabeça:

Assim Davi venceu o filisteu com uma atiradeira e uma pedra; sem espada na mão ele derrubou o filisteu e o matou. Davi correu e se pôs de pé sobre ele; e desembainhando a espada do filisteu acabou de matá-lo, cortando-lhe a cabeça com ela. Quando os filisteus viram que seu guerreiro estava morto, recuaram e fugiram. (1Samuel 17:50-51)

Você precisa cortar a cabeça do seu atacante para calar a sua voz. A cabeça representa poder, autoridade, e é o centro da comunicação. Cortar a cabeça é o ato último de apagar uma vida. Quando o inimigo levanta sua cabeça feia, precisamos cortá-la com a espada do Espírito, que é a Palavra de Deus, através da fé.

Corte o poder que ele tem sobre você, corte a autoridade que você lhe deu e corte suas palavras, como fez Jesus. Quando o inimigo tentá-lo a abandonar o caminho do seu destino profético, responda com a Palavra. Aja como Jesus e proclame: "Está escrito". Encontre uma passagem bíblica para combater as mentiras do inimigo; não se comporte como um dos espiões que não acreditavam que Deus seria capaz de libertar seu povo escolhido e levá-lo para a terra que lhe tinha prometido.

Se você tem recuado por causa da guerra do inimigo contra você, faça esta oração:

Senhor, eu me arrependo por ter olhado com os olhos da descrença quando tu me tens dado a medida da fé. Perdoa-me por permitir que o inimigo invada minha vida com seu medo, sua incredulidade e dúvida. Pai, ajuda-me a me levantar com a medida de fé que tu me deste — a fé que move montanhas — e a tomar a terra que tu me concedeste, em nome de Jesus!

CAPÍTULO 8
DEIXE QUE A PACIÊNCIA FAÇA SUA OBRA PERFEITA

Quando eu era nova convertida, tive uma mentora que era fiel e orava quando eu passava por lutas espirituais que eu não discernia, por provações que não podia ignorar e desafios do dia a dia como mãe solteira. Eu sempre pude contar com as orações dela, e o mero som de sua intercessão despertava a fé em meu coração. Eu sempre me sentia melhor após desligar o telefone — até aquele dia.

Na verdade, era noite, e minha amiga estava fazendo uma intercessão fervorosa por mim. Eu estava dizendo "sim" e "amém", até saírem de sua boca algumas palavras que eu não queria ouvir. Ela clamou: "Senhor, dá-lhe paciência".

Eu prendi a respiração em terror. No início da minha vida cristã, irmãos mais experientes na fé me advertiram a jamais pedir paciência. Eles me disseram que paciência traria provações para a minha vida.

Vemos essa verdade nas Escrituras. Tiago, o apóstolo da fé prática, escreve:

> Meus irmãos, considerem motivo de grande alegria o fato de passarem por diversas provações, pois vocês sabem que a prova da sua fé produz perseverança. E a perseverança deve ter ação

completa, a fim de que vocês sejam maduros e íntegros, sem lhes faltar coisa alguma.

De algumas formas, "paciência" parece ser um *palavrão* cristão. Congregações ficam inquietas quando ela é mencionada. Poucos querem falar sobre ela. Ninguém gosta de cultivá-la. Mas a paciência é valiosa para seguir seu destino profético e ver as promessas de Deus se realizarem em sua vida. Hebreus 10:36 nos diz: "Vocês precisam perseverar, de modo que, quando tiverem feito a vontade de Deus, recebam o que ele prometeu". E Hebreus 6:12 nos diz: "Não se tornem negligentes, mas imitem aqueles que, por meio da fé e da paciência, recebem a herança prometida".

De fato, a galeria da fé — os versículos em Hebreus 11 que apontam para os muitos ao longo da história bíblica que demonstraram grande fé — dá um relato daqueles que cumpriram seu destino profético sem jamais verem a plenitude da promessa. Paciência é, de fato, uma virtude bíblica — enraizada em humildade e confiança em Deus. Adiantar-se a Deus pode ser problemático, como discutiremos mais tarde. Ficar para trás pode fazer com que você perca oportunidades. Deus realizará a vontade dele de acordo com o plano dele.

PACIÊNCIA ATÉ O TEMPO *KAIROS*

A Palavra de Deus tem muito a dizer sobre paciência e espera. Você pode esperar com impaciência e sentir-se miserável, ou esperar com paciência e experimentar a alegria de crer.

Paulo nos exortou a sermos pacientes na tribulação (Romanos 12:12). Ele nos instruiu a não desanimarmos fazendo boas ações, porque, se esperarmos (Gálatas 6:9) veremos a recompensa. Davi nos aconselhou: "Descanse no Senhor e aguarde por ele com paciência" (Salmos 37:7). E sabemos que o amor é paciente (1Coríntios 13:4-5). Devemos concentrar nosso coração em sermos pacientes esperando por ele. É verdade que ele jamais se atrasa — e nosso tempo está em suas mãos (Salmos 31:15).

De 1999 a 2003, atravessei aquilo que, provavelmente, foi a pior provação da minha vida. Foi o período em que meu marido me abandonou e eu fui falsamente acusada de um crime que não cometi. Apesar de ser inocentada, quando saí da prisão meus pais tinham se livrado do meu apartamento e do meu cachorro. A bolha estourou e, dentro de um instante, perdi todos os meus contratos como autora autônoma. Eu não tinha dinheiro, não tinha amigos, minha filha estava arrasada por ter perdido o pai e eu estava vivendo com os meus pais aos trinta anos. Chamo isso de "uma provação feroz", e ela me seguiu da pré-salvação até a salvação.

A diferença na pós-salvação é que eu sabia o que fazer. Eu clamei ao Senhor por ajuda. Minha vida de oração como cristã recentemente renascida consistia principalmente em "Jesus, ajuda-me. Obrigada, Jesus". Eu estava de joelhos, apoiada em uma cadeira e orando, quando caí no sono nessa posição. Não sei quanto tempo eu dormi, mas lembro da voz que me acordou. A voz disse: "Fique calma. Tenha paciência. Seu tempo está chegando". Pensei que era meu pai, mas, quando olhei em volta no quarto imerso em escuridão, ninguém estava ali.

Apesar de não entender o que estava acontecendo naquele momento, sei agora que o espírito do temor do Senhor tinha vindo sobre mim (Isaías 11:1-3). Eu não sabia que Deus falava com as pessoas com uma voz audível, até eu a ouvir pessoalmente. Eu me levantei devagar e me deitei na cama. Não consegui dormir. Fiquei meditando sobre aquelas palavras e sobre o que significavam, principalmente sobre "Seu tempo está chegando". Ao longo dos "nãos", quando enfrentava provações significativas eu me lembrava e me agarrava àquelas palavras: "Seu tempo está chegando". Eu ainda não sabia o que elas significavam, mas eram um bote salva-vidas durante as tempestades contra meu destino profético.

Mais ou menos 15 anos mais tarde, enquanto eu estava em meu quarto adorando a Deus e lendo sua Palavra, o Senhor disse quatro palavras com aquela sua voz pequena e silenciosa: *Este é seu tempo*. Imediatamente, liguei os pontos com o momento em que Deus me acordara com aquela promessa profética. Eu não sabia o que esperar, mas sabia que estava entrando em outra fase do meu destino — uma fase acelerada. Eu atravessei meu desânimo e entrei em meu tempo *kairos*.

Em Gálatas 6:9, Paulo escreveu estas palavras: "E não nos cansemos de fazer o bem, pois no tempo próprio colheremos, se não desanimarmos". A palavra grega para *tempo* nesse versículo é *kairos*. Segundo o *The King James New Testament Greek Lexicon*, significa "uma temporada oportuna, oportunidade, tempo, ocasião". Vem da palavra grega *kara*, referindo-se a "culminar", "tirar vantagem de". *Kairos* é o tempo oportuno, o momento certo ou favorável.

Assim, quando Pedro disse: "humilhem-se debaixo da poderosa mão de Deus, para que ele os exalte no tempo devido" (1Pedro 5:6), ele estava falando sobre o tempo *kairos*. Existe um tempo *kairos* para cada momento de seu destino profético. Devemos vestir o manto dos filhos de Issacar, que entendiam os tempos e sabiam o que fazer (1Crônicas 12:32).

Paciência é algo em que ainda estou trabalhando — mas tenho crescido nessa graça. Lembro-me de como eu era impaciente, esperando conseguir um contrato de publicação com uma editora cristã após ser salva. Eu publiquei por conta própria seis livros, com pouquíssimo sucesso — em obediência a escrever a mensagem —, mas continuei procurando editoras.

Eu era impaciente, porque conseguia ver a promessa. Eu sabia que o Senhor tinha me dado o dom de comunicar e uma paixão de escrever para o seu Reino. Eu sabia que isso era parte do meu destino profético, mas não entendia ainda o conceito do tempo *kairos*. Agora entendo. Tomo cuidado para não me adiantar em relação a Deus ou ficar para trás. Ambos podem ser perigosos.

O PERIGO DE SE ADIANTAR EM RELAÇÃO A DEUS

Sempre que estamos fora da vontade de Deus — seja à frente ou atrás —, nós nos expomos ao ataque do inimigo. Moisés se adiantou à comissão de Deus para a sua vida como um libertador e matou um egípcio que estava atacando um israelita (Êxodo 2:11-15). O resultado: ele se tornou um exilado numa terra estranha durante quarenta anos, esperando o chamado final de Deus para libertar Israel. Não queremos atrasar a promessa adiantando-nos em relação a Deus.

Mas sejamos sinceros. A despeito dos alertas, a maioria de nós quer o que quer — e queremos agora. Aprendi que, se uma coisa não está funcionando do jeito que eu esperava, muitas vezes Deus está me protegendo de algo ou tem algo melhor para mim. O Pai sabe o que é melhor. Ainda tendo a me adiantar seguindo o meu tempo e a correr um pouco rápido demais, mesmo com os planos revelados de Deus, mas aprendi a reconhecer quando estou me adiantando e a diminuir a velocidade. Também aprendi a não criar meu próprio plano e esperar que Deus o abençoe.

Você deve conhecer a história de Abrão e Sarai. Esse casal idoso tinha uma promessa de Deus de que seus descendentes seriam numerosos como as estrelas no céu, incontáveis (Gênesis 15:5). Eles não só já tinham passado da idade de ter filhos, mas Sarai tinha sido infértil durante toda a sua vida. Quando Sarai se cansou de esperar pelo tempo *kairos*, ela tomou o destino em suas próprias mãos e criou uma confusão de proporções históricas. Leiamos o relato:

> Ora, Sarai, mulher de Abrão, não lhe dera nenhum filho. Como tinha uma serva egípcia, chamada Hagar, disse a Abrão: "Já que o Senhor me impediu de ter filhos, possua a minha serva; talvez eu possa formar família por meio dela". Abrão atendeu à proposta de Sarai. Quando isso aconteceu já fazia dez anos que Abrão, seu marido, vivia em Canaã. Foi nessa ocasião que Sarai, sua mulher, entregou sua serva egípcia Hagar a Abrão. Ele possuiu Hagar,

e ela engravidou. Quando se viu grávida, começou a olhar com desprezo para a sua senhora. (Gênesis 16:1-4)

A partir daí, as coisas só pioraram. Sarai se irritou com Abrão e foi dura com Hagar. Hagar fugiu, mas encontrou um anjo que ordenou que ela retornasse. Hagar deu à luz um filho chamado Ismael. Deus abençoou Ismael, mas ele não era o filho da promessa. Isaque, o herdeiro de Abrão, nasceu 16 anos depois. Quando Sarai, agora chamada de Sara, viu Ismael alfinetando Isaque, exigiu que Abraão mandasse embora o garoto e sua mãe.

Quando nos adiantamos em relação a Deus, como fez Sara, podemos dar à luz um Ismael — algo que nos causa tristeza e conflito. Quando agimos na carne, damos à luz coisas da carne, e não da promessa. Pela fé e paciência, veremos a promessa de Deus se realizar em nossa vida. Quando nos adiantamos, podemos causar dor desnecessária a nós mesmos e a outros.

Ouvi o Senhor dizer:

Não se apresse. Não force para que a profecia aconteça. Pela fé e paciência, você herda as minhas promessas. Exercite sua fé. Deixe que ela cresça em você enquanto você se aproxima dia após dia do sonho que plantei em seu coração, através dos fogos da provação, através dos ataques do inimigo. Deixe que esperança surja em seu coração, sabendo que você nunca será envergonhada se confiar em mim. Seus tempos estão em minhas mãos. Eu levarei você e atravessarei com você cada porta pela qual eu quero que você passe.

O PERIGO DE FICAR PARA TRÁS DE DEUS

Ao mesmo tempo que não queremos dar à luz um Ismael, também não queremos abortar o que Deus está gerando através de nós. Pode ser igualmente — ou até mais — perigoso para o nosso destino ficar

DEIXE QUE A PACIÊNCIA FAÇA SUA OBRA PERFEITA

muito para trás de Deus. As razões principais pelas quais ficamos para trás de Deus referem-se ao fato de que não ouvimos sua voz, seja por causa de medo, dúvida ou incredulidade.

Paulo nos alertou em Romanos 12:11 para que nunca nos faltasse zelo, que fôssemos fervorosos no espírito e que servíssemos ao Senhor. A Bíblia nos diz também que devemos ser fervorosos na mente (2Coríntios 7·7); labutar fervorosamente em oração (Colossenses 4:12). O dicionário *Merriam-Webster* define *fervoroso* como "muito quente ou ardente". Quando algo é fervente, ele "exibe ou é marcado por uma grande intensidade ou sensação". Escavemos um pouco mais fundo as raízes dessa palavra. Ela vem do grego *zeo*. Significa literalmente "ferver".

Enquanto o nosso fervor pode fazer com que nos adiantemos em relação a Deus — como água fervente que transborda a panela no fogão —, uma falta de fervor pode ser mais perigosa, pois não há movimento. Um espírito fervente arde por Deus, e é menos provável que ele ignore a Deus por causa da paixão de fazer a sua vontade. Ficar para trás de Deus equivale à desobediência. Quando ficamos para trás dele, podemos ficar confusos sobre por que as coisas não estão funcionando em nossa vida. Podemos perder o momento *kairos*. Podemos cair em angústia emocional. Podemos perder algo que amamos. E, novamente, nós nos expomos ao ataque do inimigo.

Deuteronômio 25:18 fala sobre como o inimigo encontrou o povo de Deus: "Quando vocês estavam cansados e exaustos, eles se encontraram com vocês no caminho e eliminaram todos os que ficaram para trás; não tiveram temor de Deus". Lembre-se, Deus nos alerta que não devemos desanimar de fazer o bem, pois um *kairos* está vindo. Existe um tempo oportuno, um momento favorável. Quando desanimamos, podemos ser tentados a diminuir nossa velocidade quando Deus está nos instruindo a correr. Podemos ficar para trás de Deus e nos deparar com mais ataques. Nem sempre é fácil acompanhar o ritmo de Deus. Devemos nos aprimorar em esperar sem desanimar.

SEIS COISAS QUE PODEMOS FAZER ENQUANTO ESPERAMOS EM DEUS

Então, o que você deve fazer enquanto espera em Deus por seu próximo momento *kairos*? É claro, devemos exercitar nossa fé e seguir nossas disciplinas cristãs de orar, jejuar, semear e servir. Nesse contexto, o que você não deve fazer é tão importante quanto o que você deve fazer. Você pode estudar a Palavra, orar, jejuar, dar e servir, e mesmo assim perder o seu *kairos*. Aqui estão seis coisas que você deve fazer enquanto espera em Deus.

Em primeiro lugar, não tente fazer acontecer. Não corra atrás de sonhos; corra atrás do Deus que lhe deu os sonhos, e ele fará com que seus sonhos se realizem no tempo certo. Nenhum homem na terra e nenhum diabo no inferno podem impedir o que Deus lhe quer dar na vida — mas você pode criar uma grande confusão tentando fazê-lo acontecer. Manipular situações pode levar você mais rapidamente a um lugar, mas não o manterá lá por muito tempo. Lembre-se, não importa o que faça para chegar a algum lugar, você terá que continuar fazendo aquilo para ficar lá. Você nunca terá que forçar qualquer coisa que está destinada a acontecer. Não promova ou exalte a si mesmo. Essa é a tarefa de Deus.

Em segundo lugar, não recorra ao homem para fazê-lo acontecer. O que o homem lhe dá, o homem pode tirar. Se você recorrer ao homem para fazê-lo acontecer, será tentado a fazer compromissos. O homem esperará que você faça coisas para as quais Deus não o chamou. Alguns cristãos venderam sua alma ao homem em troca de uma promoção rápida em vez de se entregar a Deus. Leia Jeremias 17:5-6 com temor e tremor reverente:

> Assim diz o Senhor: "Maldito é o homem que confia nos homens, que faz da humanidade mortal a sua força, mas cujo coração se afasta do Senhor. Ele será como um arbusto no deserto; não verá quando vier algum bem. Habitará nos lugares áridos do deserto, numa terra salgada onde não vive ninguém".

Isso não significa que você nunca possa receber ajuda de uma pessoa, mas não espere que o homem abra portas que só Deus deveria abrir. A Bíblia nos garante que Deus abre portas que o homem não consegue fechar e fecha portas que o homem não consegue abrir (Isaías 22:22). Não tente pegar chaves de pessoas que Deus não ordenou como conexões divinas, caso contrário, exigirão um pagamento. Deixe que Deus seja seu abridor e fechador de portas, quando e através de quem ele escolher. Você não se arrependerá.

Em terceiro lugar, não tenha inveja daquilo que os outros têm. Deus não promove um coração invejoso. Inveja é obra da carne (Gálatas 5:20). Pense nisso por um minuto. Saul teve inveja de Davi — e tentou matá-lo. Os irmãos de José eram invejosos — e tentaram matá-lo. Caim teve inveja de Abel — e o matou. Quando você permite inveja em seu coração, está recorrendo a um espírito assassino que acabará matando os seus sonhos. Tiago 3:14-16 diz:

> Contudo, se vocês abrigam no coração inveja amarga e ambição egoísta, não se gloriem disso, nem neguem a verdade. Esse tipo de "sabedoria" não vem do céu, mas é terrena, não é espiritual e é demoníaca. Pois onde há inveja e ambição egoísta, aí há confusão e toda espécie de males.

Em quarto lugar, não duvide da hora de Deus. Eclesiastes 3:1 declara: "Para tudo há uma ocasião, e um tempo para cada propósito". Muitas vezes, achamos que podemos mudar nossos tempos e temporadas, mas Daniel 2:21 deixa claro que esse é o papel de Deus: "Ele destrona reis e os estabelece". Davi disse corretamente ao Senhor: "Tu és o meu Deus. O meu futuro está nas tuas mãos" (Salmos 31:14-15). Lembre-se: "Não é do Oriente nem do Ocidente nem do deserto que vem a exaltação. É Deus quem julga: humilha a um, a outro exalta" (Salmos 75:6-7).

Em quinto lugar, não ignore as convicções de Deus de falhas de caráter. Se você estivesse preparado para dar conta da promoção agora, Deus a daria a você agora. Muitas vezes, precisamos desenvolver o caráter que nos manterá no lugar para o qual a unção nos leva. Romanos 5:3-5 nos diz que paciência produz caráter. Peça que o Espírito Santo lhe mostre áreas em sua vida que precisam ser trabalhadas — e então peça a graça para alcançar a glória seguinte.

Por fim, não abandone a prática da humildade. Humildade não tem direitos. Aqui estão três testemunhos dos quais você deve lembrar: "Portanto, humilhem-se debaixo da poderosa mão de Deus, para que ele os exalte no tempo devido" (1Pedro 5:6); "Humilhem-se diante do Senhor, e ele os exaltará" (Tiago 4:10); e "Pois todo o que se exalta será humilhado, e o que se humilha será exaltado" (Lucas 14:11).

NÃO DESPREZE O DIA DOS PEQUENOS COMEÇOS

Mesmo quando Deus abre uma porta e lança você no mundo, é possível que não seja como você imaginou — pelo menos não no início. Pequenos começos costumam vir acompanhados de muito trabalho e pouca ajuda. Pequenos começos costumam oferecer muita resistência e encorajamento modesto. Normalmente, pequenos começos têm orçamentos limitados e muitos contratempos. Mesmo assim, não importa o que Deus chamou você para fazer, não despreze esses pequenos começos, pois o Senhor se regozija ao ver a obra começar (Zacarias 4:10).

Eu me lembro de quando Deus plantou uma semente em meu coração para orar pelas nações. Eu tinha um grande mapa multicolorido na minha parede e estava maravilhada diante das enormes oportunidades de intercessão profética. Então, de repente, o Senhor iluminou uma pequena ilha nesse mapa, uma das menores ilhas do Caribe. Essa era minha tarefa de oração. Eu fiquei um pouco decepcionada. Eu queria invadir os céus de nações importantes na terra, mas o Senhor me deu um começo pequeno.

Isso foi uma lição sobre o princípio: "Quem é fiel no pouco, também é fiel no muito" (Lucas 16:10). Eu orei fielmente por aquela nação miúda, seu povo, sua segurança, e para que o evangelho chegasse ali e levasse salvação. Mais tarde, Deus me daria tarefas de intercessão mais substanciais; em 2007, ele me acordou à meia-noite para compartilhar seu coração sobre o estado da América e do Grande Despertamento vindouro. "Não despreze inícios pequenos". Toda promoção vem de Deus. Essa não foi a última promoção. Agora estou plantando casas de oração em nações.

Também me lembro de quando Deus plantou a semente em meu coração para impactar as nações por meio da escrita. Eu tinha o melhor computador que consegui comprar e muitas ideias, mas nenhuma plataforma. De repente, Deus me deu a oportunidade de editar livros para outros ministros cristãos. Eu dei meu melhor para valorizar seu trabalho, esperando que, um dia, eu escreveria meus próprios livros e materiais cristãos. Alguns desses ministros cristãos se aproveitaram de mim e nunca pagaram a taxa prometida pelo meu trabalho. Decidi semear aquilo como semente e confiar que Deus a fizesse produzir safra.

Alguns anos mais tarde, meu trabalho já havia sido lido em cada nação da terra. Alguns dos meus artigos foram arquivados no museu do Assembly of God's Flower Pentecostal Heritage Center, e outros trabalhos foram traduzidos para muitas línguas. Além disso, eu tenho uma presença midiática forte através de TV, vídeos, podcasts e outras mídias.

Sempre que começo algo novo, aquilo parece ser o maior desafio que já encarei na minha vida. Sempre de novo, preciso lembrar-me de não desprezar os pequenos começos. O trabalho é duro. A ajuda é pouca. A resistência é forte e falta encorajamento. O orçamento é limitado, e há numerosos contratempos. Mesmo assim, tenho visto a mão de Deus presente nos pequenos começos. Preciso lembrar-me constantemente: "Não por força nem por violência, mas pelo meu Espírito" (Zacarias 4:6). E eu tenho certeza de que veremos a glória do Senhor.

E quanto a você? Você se encontra no dia dos começos pequenos neste momento? O Senhor se regozija ao ver como o trabalho começa, e ele ajudará você a cada passo. Não acredite em mim. Olhe para a Bíblia. O rei Davi teve um começo pequeno em um campo pastoreando ovelhas e experimentou uma guerra mais intensa do que você e eu jamais testemunharemos. Neemias reconstruiu o muro de Jerusalém com os remanescentes do povo, a despeito da oposição e das probabilidades. A Bíblia está cheia de exemplos de como Deus usou coisas tolas do mundo para confundir os sábios (1Coríntios 1:27).

Se você estiver no dia dos começos pequenos, anime-se. Repito, o Senhor se regozija ao ver como o trabalho começa — e ele, que chamou você para fazer o trabalho, é fiel e fortalecerá suas mãos para fazê-lo; ele enviará obreiros ao campo para o qual ele chamou você; ele ajudará você a superar até o melhor ataque do diabo; ele encorajará você através de seu Espírito e com sua Palavra; ele satisfará todas as suas necessidades de acordo com suas riquezas na glória através de Cristo Jesus, e guiará você para a vitória, se você continuar avançando em direção ao prêmio. Aquele que chama você é fiel, e também o fará (1Tessalonicenses 5:24).

CAPÍTULO 9

EQUIPE-SE PARA CUMPRIR O SEU DESTINO

Como já mencionei, quando nasci de novo, tudo que eu queria fazer era escrever para Jesus. O problema era que eu não estava equipada para o meu chamado. Como bebê cristão recém-nascido, eu não sabia muito sobre a Palavra de Deus. Eu não sabia como manejar corretamente a Palavra da verdade (2Timóteo 2:15). Eu não entendia os princípios de ensinar. Eu simplesmente não estava pronta.

Talvez você se identifique com isso. Quando Deus nos chama, normalmente não nos sentimos preparados — e muitas vezes não estamos. É por isso que há um intervalo de tempo entre o chamado e o comissionamento. Precisamos nos equipar para entrar em nosso destino profético. É claro que esse equipamento é progressivo. Em outras palavras, Deus não espera até estarmos totalmente equipados. Ele nos prepara para darmos o primeiro passo, e então continua nos equipando ao longo do caminho para cumprir o nosso destino profético.

Paulo explicou: "Somos criação de Deus realizada em Cristo Jesus para fazermos boas obras, as quais Deus preparou de antemão para que nós as praticássemos" (Efésios 2:10). Mas Deus não exige que façamos o trabalho sozinhos. Paulo encorajou: "Estou convencido de que aquele que começou a boa obra em vocês, vai completá-la até o dia de Cristo Jesus [até a hora de seu retorno, desenvolvendo e aperfeiçoando aquela boa obra em vocês]" (Filipenses 1:6).

O processo de equipar nunca termina, pois suas tarefas mudam. Sempre que começo a me sentir à vontade em uma tarefa, Deus começa a me preparar para mudar para algo novo. Paulo, o apóstolo, entendia isso. Primeiro ele pregou aos judeus, mas Deus mudou sua missão para que ela alcançasse os gentios. Ele passava anos em uma mesma cidade; então Deus o levava para um novo campo missionário.

Parece que estamos sempre sendo preparados e equipados para a glória seguinte. Nossa tarefa é cooperar com o processo de sermos equipados por Deus. Em termos naturais, isso significa investir tempo e dinheiro em nós mesmos para adquirirmos as habilidades naturais e desenvolvermos a capacidade espiritual de seguir seu plano singular para nós.

Não quero enganar você. Você não será equipado de um dia para o outro, mas podemos apressar a obra de Deus em nós apoiando-nos em sua vontade. Podemos desligar a TV e estudar. Podemos ir para a igreja e servir. Podemos orar sem cessar. Quando alinhamos nossa vontade com a vontade dele, estamos nos preparando para oportunidades futuras.

INVESTINDO EM SI MESMO

A Bíblia está cheia de ordens para investirmos nossa vida nos outros. Gálatas 6:2 nos instrui a suportar os fardos uns dos outros para que possamos cumprir a lei de Cristo. 1João 3:17 nos diz que não estamos caminhando em amor se ignorarmos um irmão em necessidades quando temos os recursos para ajudá-lo. Hebreus 13:16 nos diz que o sacrifício de fazer o bem e de compartilhar o que temos agrada a Deus. As Escrituras são abundantes nessa área. Mas Deus não quer que você negligencie a si mesmo nesse processo.

Veja desta forma: você não pode doar algo que não tem. Se você não tiver uma palavra profética, não poderá profetizar. Se não tiver dinheiro em seu bolso, não poderá semear. Se não tiver um conjunto de habilidades específicas, não poderá usá-lo para o Senhor. Se estiver esgotado e estressado porque não investiu em sua saúde e descanso, será difícil continuar a semear na vida dos outros. Investir em si mesmo é essencial para cumprir o seu destino profético.

Eu aprendi esse conceito bem no início da minha carreira como jornalista profissional e mãe solteira, e tenho certeza de que isso teve um papel enorme no meu sucesso nos negócios, na vida, nos relacionamentos e no ministério. Mesmo que o chavão "Deus ajuda quem cedo madruga" não esteja na Bíblia, há uma medida de verdade nessa afirmação.

Deixe-me reforçar esta expressão: não podemos fazer a parte de Deus, e Deus não fará a nossa parte. Devemos investir em nosso próprio destino, semeando nosso tempo, dinheiro e orações em nosso processo. Isso significa desenvolvimento pessoal e desenvolvimento de talentos. Para alguns pode significar desenvolvimento relacional e financeiro.

O treinador de sucesso Brian Tracy, cujo material tenho estudado ao longo dos anos, disse certa vez: "Desenvolvimento pessoal significa uma grande economia de tempo. Quanto mais você se aprimora, menos tempo leva para alcançar seus objetivos".[1] Nosso objetivo é avançar o reino seguindo nosso destino profético. Quando investimos em nós mesmos, em curto prazo pode parecer que estamos desperdiçando um tempo valioso, mas em longo prazo estamos nos tornando mais eficientes em nosso chamado. Isso é vital, pois a Palavra de Deus ordena que devemos resgatar o tempo, pois os dias são maus (Efésios 5:16).

Existe uma citação anônima que ouvi muitas vezes e que diz mais ou menos o seguinte: "Faça algo hoje pelo qual seu eu futuro lhe agradecerá". Outra citação anônima nos diz: "Você não pode economizar tempo para usá-lo no futuro, mas você pode investi-lo no seu eu futuro". E a cereja no topo do bolo: "Invista em si mesmo ou nenhuma outra pessoa investirá em você".

É claro, não excluímos Deus desse processo. É ele que nos transforma de glória em glória. Hebreus 13:21 nos garante: ele aperfeiçoa vocês "em todo o bem para fazerem a vontade dele, e opera em nós o que lhe é agradável, mediante Jesus Cristo, a quem seja a glória para todo o sempre". Mas nosso esforço dá a Deus algo que ele pode abençoar.

TORNE-SE UM ESTUDANTE DA PALAVRA

O melhor investimento que você pode fazer é investir sua fé no Senhor Jesus Cristo para que ele salve você e lhe dê uma nova vida. Jesus veio para nos dar uma vida abundante e plena — até ela transbordar (João 10:10). Quando construímos nossa vida em Jesus — quando construímos nossa vida na Palavra —, estamos construindo uma fundação sólida para suportar os dons e chamados que nos levam para o nosso destino profético. Os argumentos de Jesus para construirmos nossa vida em sua Palavra são fortes:

> Portanto, quem ouve estas minhas palavras e as pratica é como um homem prudente que construiu a sua casa sobre a rocha. Caiu a chuva, transbordaram os rios, sopraram os ventos e deram contra aquela casa, e ela não caiu, porque tinha seus alicerces na rocha. Mas quem ouve estas minhas palavras e não as pratica é como um insensato que construiu a sua casa sobre a areia. Caiu a chuva, transbordaram os rios, sopraram os ventos e deram contra aquela casa, e ela caiu. E foi grande a sua queda. (Mateus 7:24-27)

Para construirmos nossa vida sobre a rocha, precisamos investir tempo no estudo da Palavra, que o autor de Hebreus descreveu como viva e mais afiada do que uma espada de dois gumes, com a capacidade de dividir entre a alma e o espírito e entre os pensamentos e as intenções do coração (Hebreus 4:12). É a Palavra de Deus que nos ajuda a manter a mente no lugar certo. Veja, nosso espírito foi salvo, mas nossa alma — que contém a mente, a vontade, a imaginação, as emoções e o raciocínio — ainda precisa de uma revisão.

Paulo disse desta maneira: "Não se amoldem ao padrão deste mundo, mas transformem-se pela renovação da sua mente, para que sejam capazes de experimentar e comprovar a boa, agradável e perfeita vontade de Deus" (Romanos 12:2). A Palavra guiará você até seu destino profético porque, como disse o salmista, ela é uma lâmpada para os seus pés e uma luz em seu caminho (Salmos 119:105). A Palavra lhe mostrará quando você estiver pensando de modo errado sobre qualquer assunto da vida.

Paulo disse ao seu filho espiritual Timóteo: "Toda a Escritura é inspirada por Deus e útil para o ensino, para a repreensão, para a correção e para a instrução na justiça, para que o homem de Deus seja apto e plenamente preparado para toda boa obra" (2Timóteo 3:16-17). Ele também instruiu: "Procure apresentar-se a Deus aprovado, como obreiro que não tem do que se envergonhar, que maneja corretamente a palavra da verdade" (2Timóteo 2:15).

É chocante, mas estudos mostram que a maioria dos cristãos que frequenta a igreja não lê ou estuda as Escrituras. Segundo um estudo da *Lifeway*, apenas 19% leem a Bíblia todos os dias. Isso é quase igual ao número de cristãos que raramente ou nunca leem a Bíblia: 18%; 25% leem a Bíblia algumas vezes por semana, 14% leem a Bíblia uma vez por semana e 22% abrem a Palavra de Deus uma vez ou poucas vezes por mês.[2]

"O envolvimento com a Bíblia tem um impacto sobre praticamente cada área de crescimento espiritual", disse Ed Stetzter, que era presidente da *LifeWay Research* quando o estudo foi realizado. "Você pode seguir Cristo e ver o cristianismo como sua fonte da verdade, mas, se essa verdade não permear seus pensamentos, suas aspirações e suas ações, você não está completamente empenhado na verdade. A Palavra de Deus é verdade, então não deveria surpreender que ler e estudar a Bíblia continuam sendo as atividades com o maior impacto sobre o crescimento nesse atributo da maturidade espiritual. Por mais básico que seja, ainda há numerosos frequentadores da igreja que não estão lendo a Bíblia regularmente. Você simplesmente não crescerá se não conhecer Deus e passar tempo com a Palavra de Deus".[3]

E tampouco andará na plenitude do destino profético de Deus para a sua vida. Paulo sabia disso. O apóstolo disse à igreja de Colossos: "Habite ricamente em vocês a palavra de Cristo; ensinem e aconselhem-se uns aos outros com toda a sabedoria, e cantem salmos, hinos e cânticos espirituais com gratidão a Deus em seus corações" (Colossenses 3:16).

Quando Josué estava se preparando para entrar na terra prometida com os israelitas, Deus lhe deu instruções muito claras para a vitória: "Não deixe de falar as palavras deste Livro da Lei e de meditar nelas de dia e de noite, para que você cumpra fielmente tudo o que nele está escrito. Só então os seus caminhos prosperarão e você será bem-sucedido" (Josué 1:8). Quando depositamos a Palavra de Deus em nosso coração, é muito menos provável que caiamos em tentação (Salmos 119:11).

A Palavra de Deus alimenta nosso espírito e o fortalece (1Pedro 2:2). A Palavra nos santifica (João 17:17). As palavras de Deus são espírito e vida (João 6:63). A Palavra de Deus é a espada do Espírito, que nos ajuda a obter vitória contra os inimigos do nosso destino profético (Efésios 6:17). A Palavra edifica a fé em nosso coração para acreditar nas promessas de Deus em nossa vida; como escreveu Paulo: "a fé vem por ouvir a mensagem, e a mensagem é ouvida mediante a palavra de Cristo" (Romanos 10:17). Algum dia, o céu e a terra passarão, mas a Palavra de Deus nunca passará nem falhará (Mateus 24:35; Isaías 40:8). Agir segundo a Palavra nos ajuda a evitar a enganação (Tiago 1:22).

Eu poderia continuar por muito tempo. Meu objetivo é inspirar você a entrar na Palavra de Deus — e a ficar ali. Assim como você come todos os dias — a maioria das pessoas come três ou mais vezes ao dia —, nós precisamos entrar na Palavra de Deus todos os dias. Sem consumir a Palavra de Deus, seremos mais fracos do que deveríamos ser mentalmente e não andaremos no poder do Espírito para sermos suas testemunhas.

Smith Wigglesworth, um evangelista britânico e figura-chave nos primeiros dias do movimento pentecostal, disse certa vez:

> A razão pela qual o mundo não está vendo Jesus é que os cristãos não estão repletos de Jesus. Eles se contentam com as reuniões semanais, leem a Bíblia apenas ocasionalmente e, às vezes, oram. É uma coisa terrível ver pessoas, que professam ser cristãs, sem vida, sem poder e em um lugar em que sua vida é tão semelhante à vida dos incrédulos, que é difícil dizer em que lugar estão, se estão na carne ou no Espírito.[4]

DESENVOLVA UMA VIDA DE ORAÇÃO FORTE

Desenvolver uma vida de oração forte faz parte de andar em seu destino profético. Lembre-se, oração, em seu âmago, é conversar com Deus. Nós falamos, ele responde. Precisamos de sua orientação, de sua força, de sua sabedoria, de seus recursos e muito mais. Recebemos o que necessitamos de Deus através de relacionamento, que exige comunicação. Ao mesmo tempo que é verdade que Deus sempre sabe o que precisamos antes de pedirmos (Mateus 6:8), ele quer que peçamos — e, em sua Palavra, ele nos instrui repetidamente a pedirmos.

Uma das minhas passagens bíblicas favoritas sobre oração é 1João 5:14-15:"Esta é a confiança que temos ao nos aproximarmos de

Deus: se pedirmos alguma coisa de acordo com a sua vontade, ele nos ouve. E se sabemos que ele nos ouve em tudo o que pedimos, sabemos que temos o que dele pedimos". Jesus disse também estas palavras em João 16:24: "Até agora vocês não pediram nada em meu nome. Peçam e receberão, para que a alegria de vocês seja completa". Jesus nos disse que devemos orar sempre e não desanimar (Lucas 18:1).

Jesus também nos ensinou a orar de maneira a garantir que alcancemos nosso destino profético. A oração é chamada de *Pai Nosso*, e se encontra em Lucas 11:2-4:

Ele lhes disse: "Quando vocês orarem, digam: 'Pai! Santificado seja o teu nome. Venha o teu Reino. Dá-nos cada dia o nosso pão cotidiano. Perdoa-nos os nossos pecados, pois também perdoamos a todos os que nos devem. E não nos deixes cair em tentação'".

Imediatamente após ensinar essa oração, Jesus nos deu esta garantia em Lucas 11:5-13:

Então lhes disse: "Suponham que um de vocês tenha um amigo e que recorra a ele à meia-noite e diga: 'Amigo, empreste-me três pães, porque um amigo meu chegou de viagem, e não tenho nada para lhe oferecer'. E o que estiver dentro responda: 'Não me incomode. A porta já está fechada, e meus filhos estão deitados comigo. Não posso me levantar e lhe dar o que me pede'. Eu lhes digo: embora ele não se levante para dar-lhe o pão por ser seu amigo, por causa da importunação se levantará e lhe dará tudo o que precisar.

Por isso lhes digo: Peçam, e lhes será dado; busquem, e encontrarão; batam, e a porta lhes será aberta. Pois todo o que pede, recebe; o que busca, encontra; e àquele que bate, a porta será aberta. Qual pai, entre vocês, se o filho lhe pedir um peixe, em lugar disso lhe dará uma cobra? Ou se pedir um ovo, lhe dará um escorpião? Se vocês, apesar de serem maus, sabem dar boas coisas aos seus filhos, quanto mais o Pai que está no céu dará o Espírito Santo a quem o pedir!"

A essa altura, creio que você se sinta inspirado a orar. A realidade é: por mais forte que seja a sua vida de oração, ela pode ser ainda mais forte. Como, então, você pode desenvolver uma vida de oração mais forte para fortalecer seu relacionamento com Deus e receber a força e tudo mais de que você necessita para andar em seu destino profético?

Para iniciantes, tenho um conselho: você precisa abrir espaço em sua agenda. Mesmo que não precise necessariamente de longos períodos de tempo para orar — pois pode sempre fazer orações curtas a qualquer hora —, você precisa investir tempo para ter comunhão com Deus. Você pode orar enquanto faz outras coisas, mas esperar no Senhor em oração por sua sabedoria e orientação em assuntos importantes em sua vida exige tempo — tempo sem distrações. Quando for orar em seu quarto, desligue o telefone e o computador ou TV ou qualquer outra coisa que possa tirá-lo da presença de Deus.

Em seguida, ore de coração, como fez Davi, mas certifique-se de orar a Palavra. Quando você ora a Palavra, você não está apenas liberando a sua petição; também está fortalecendo sua fé. Orar a Palavra é orar a vontade perfeita de Deus, porque sua Palavra é a sua vontade. Isso resultará em mais orações respondidas, o que, por sua vez, edifica sua fé para orar ainda mais. Prepare um diário de oração para registrar suas orações e suas respostas, a fim de que você possa agradecer a Deus por suas ações.

Você também pode fortalecer sua fé participando de reuniões de oração. Algumas pessoas têm um espírito de oração contagiante. Você nunca deve tentar imitar o estilo de outra pessoa, mas pode aprender a orar de modo mais eficiente na companhia de guerreiros de oração e intercessores que são experientes no espírito. É claro, você pode também ler livros e participar de seminários *on-line* sobre oração. Minha *School of Prayer and Intercession* tem preparado milhares para orar com uma eficácia maior.[5]

BUSQUE UM AUTOCUIDADO EQUILIBRADO

Alguns no corpo de Cristo têm demonizado o termo *autocuidado*. Autocuidado é simplesmente cuidar de si mesmo. Sim, alguns podem levar esse conceito ao extremo e se centrar exclusivamente em si mesmos, mas a própria Bíblia afirma a necessidade de autocuidado e alerta contra os extremos. Paulo alfineta nosso coração com este versículo inspirado pelo Espírito: "Acaso não sabem que o corpo de vocês é santuário do Espírito Santo que habita em vocês, que lhes foi dado por Deus, e que vocês não são de si mesmos? Vocês foram comprados por alto preço. Portanto, glorifiquem a Deus com o corpo de vocês" (1Coríntios 6:19-20).

Não podemos tratar nosso corpo como tratamos nosso carro, largando embalagens de hambúrgueres do McDonald's e copos descartáveis por toda parte, esquecendo de trocar o óleo, não lavando o para-brisas e não enchendo o tanque. Um carro não é bonito e não funciona bem quando não cuidamos dele — e isso pode ser perigoso. Devemos tratar nosso corpo como o templo que é, comendo alimentos saudáveis, administrando o estresse que, segundo a ciência, cultiva doenças e descansando nos horários adequados.

O próprio Jesus disse: "Venham a mim, todos os que estão cansados e sobrecarregados, e eu lhes darei descanso. Tomem sobre vocês o meu jugo e aprendam de mim, pois sou manso e humilde de coração, e vocês encontrarão descanso para as suas almas. Pois o meu jugo é suave e o meu fardo é leve" (Mateus 11:28-30). Jesus modelou o autocuidado para nós. Sua agenda de ministério era pesada e exigia muito dele, mas "Jesus retirava-se para lugares solitários, e orava" (Lucas 5:16).

Devo admitir que eu não tenho sido muito boa no que diz respeito ao autocuidado ao longo dos últimos vinte anos. Criar uma criança sozinha com um emprego em tempo integral e servir na igreja não me deixou muito tempo para mim mesma. Mas, ao longo dos anos, aprendi a me lembrar de Hebreus 4:9-11: "Assim, ainda resta um descanso sabático para o povo de Deus; pois todo aquele que entra no descanso de Deus, também descansa das suas obras, como Deus descansou das suas. Portanto, esforcemo-nos por entrar nesse descanso, para que ninguém venha a cair, seguindo aquele exemplo de desobediência".

Aprendi que existe um dia sabático por um motivo. Um velho chavão afirma: "Seu corpo continuará por muito mais tempo do que essa sua bolsa cara. Invista em si mesma".

APERFEIÇOE SUAS HABILIDADES NATURAIS

Quando comecei minha carreira profissional como jornalista, ainda não tinha renascido — e eu me encontrava em um campo competitivo. Historicamente, o mercado de autores autônomos tem sido saturado com autores medíocres dispostos a baixar suas tarifas por palavra só para ganhar um dólar. Eu não terminei a escola de jornalismo, porque engravidei; assim, não tinha um diploma universitário para me destacar. Então, investi em mim mesma.

Eu investi em livros como *The Writer's Market*, para encontrar mais clientes. Investi em plataformas de perfis, como Mediabistro.com, para que os clientes pudessem me encontrar em um banco de dados de jornalistas profissionais. Eu me afiliei a organizações como a Society of Professional Journalists e a Public Relations Society of America. Comprei livros sobre como escrever textos de marketing e propaganda, para expandir meus horizontes. Todo esse investimento teve um retorno. Eu ganhava mais de 250 mil dólares por ano durante a maior parte da minha carreira; pude entrevistar algumas das pessoas mais incríveis do mundo e trabalhar para companhias da *Fortune 500*, que chegavam a pagar mil dólares por hora.

É claro, é importante investirmos em outros, mas muitas vezes deixamos de investir em nós mesmos ao longo do caminho. Talvez estejamos tentando ser bons administradores, ou talvez não vejamos o lucro eterno de investirmos em nosso próprio destino. Algumas pessoas simplesmente não têm o dinheiro para se filiar a organizações e comprar livros. A boa notícia é que existem muitas informações confiáveis na internet. Em uma era da informação, você pode se equipar de graça em muitas áreas — e pode encontrar mentores que lhe ajudarão a preencher as lacunas.

Veja a coisa da seguinte maneira: médicos, advogados e outros profissionais são obrigados a se educar continuamente para manter suas certificações. Quanto mais deveríamos nós nos dedicar a um aprendizado contínuo? Veja quanta ênfase Salomão, o homem mais sábio do mundo, deu ao aprendizado.

Provérbios 1:5 revela: "Se o sábio der ouvidos, aumentará seu conhecimento, e quem tem discernimento obterá orientação". Provérbios 18:15 encoraja: "O coração do que tem discernimento adquire conhecimento; os ouvidos dos sábios saem à sua procura". Provérbios 9:9 compartilha: "Instrua o homem sábio, e ele será ainda mais sábio; ensine o homem justo, e ele aumentará o seu saber". Provérbios 15:5 alerta: "O insensato faz pouco caso da disciplina de seu pai, mas quem acolhe a repreensão revela prudência".

ADMINISTRE SEU DESTINO

Nem tudo no reino é puramente espiritual. Há aspectos práticos na vida e no ministério — há administração. Na verdade, a Bíblia fala do dom da administração, às vezes chamado de "dom da organização" ou "do governo". Encontramos isso em 1Coríntios 12:28: "Assim, na igreja, Deus estabeleceu primeiramente apóstolos; em segundo lugar, profetas; em terceiro lugar, mestres; depois os que realizam milagres, os que têm dom de curar, os que têm dom de prestar ajuda, os que têm dons de administração e os que falam diversas línguas".

Muito se fala sobre apóstolos, profetas e mestres e também sobre sinais e maravilhas, mas aqui Paulo aponta para uma parte muito prática de cumprir o nosso destino e executar o trabalho do reino: administração. Administração significa administrar ou supervisionar um processo — é isso é realmente um dom. A verdade é que nem sempre temos alguém por perto que tenha o dom e esteja disposto a ajudar a administrar aquilo para o qual Deus nos chamou. Eu tive que aprender a administrar meu próprio negócio e ministério. No fim das contas, apenas você pode administrar sua vida e seu destino, por isso adquirir habilidades administrativas é vital.

Talvez você tenha que fazer um curso *on-line* para adquirir algumas habilidades administrativas. Você também pode se voluntariar na sua igreja ou em uma organização da comunidade para observar em ação uma administração em um nível mais elevado e aprender fazendo. Comunicação — escrita e oral — é essencial para administrar adequadamente, como o é também a tecnologia. No mundo de hoje, você precisa saber usar plataformas digitais, incluindo e-mail, processadores de texto e talvez até aplicativos financeiros. Administrar seu tempo é essencial, assim como o é priorizar e se organizar com uma agenda. Você terá que planejar com antecedência e desenvolver habilidades de resolução de problemas.

Administrar sua vida ajudará você a resgatar seu tempo, a ter um impacto maior sobre sua vida, a alcançar as metas que Deus lhe deu, a construir relacionamentos mais fortes e a cuidar melhor de si mesmo. No que diz respeito aos dons espirituais, Paulo disse: "Tudo deve ser feito com decência e ordem" (1Coríntios 14:40). Isso vale não só para o contexto dos dons espirituais. Sim, você precisa exercitar seus dons e talentos de forma decente e segundo a ordem de Deus, mas isso se aplica também ao seu dia a dia e seu destino profético. Eu sei que pode parecer esmagador às vezes, mas lembre-se: você pode tudo através de Cristo, que lhe dá força (Filipenses 4:13).

CAPÍTULO 10
CONSTRUINDO RELACIONAMENTOS DIVINOS

Conexões divinas. Todos nós as queremos. Muitos de nós oram por elas. Certamente ouvimos muitas profecias sobre elas. E espero que você tenha tido algumas ao longo de seu caminho estreito.

Conexões divinas — aqueles relacionamentos inspirados por Deus que parecem aparecer do nada e têm o potencial de impactar radicalmente a sua vida — são vitais para seguir seu destino profético. Sim, esses relacionamentos podem transformar sua vida, mesmo que sejam apenas sazonais em termos de intensidade. A realidade é: precisamos uns dos outros. Deus não nos chamou para caminhar sozinhos, e ele trará conexões divinas para a nossa vida em momentos estratégicos.

Sou grata pelas muitas conexões divinas que Deus trouxe para a minha vida. Tenho sido abençoada com relacionamentos santos que me fortaleceram, abriram portas para mim e me concederam uma sabedoria que, de outra forma, eu teria levado décadas para colher. Conexões divinas são bíblicas e necessárias para cumprir seu destino profético. Parte de seu destino está em outra pessoa, e parte do destino de outra pessoa está em você.

Moisés e Josué tinham uma conexão divina. Josué estava sentado do lado de fora da tenda de reunião enquanto Moisés conversava com Deus face a face (Êxodo 33:11). Moisés o escolheu a dedo para mentoreá-lo para uma das maiores batalhas de toda a história — a entrada na terra prometida. Jônatas e Davi tinham uma conexão divina. Davi dependia da ajuda de Jônatas para escapar dos planos assassinos de Saul (1Samuel 20). Tenho certeza de que Deus poderia ter encontrado outra maneira de preservar a vida de Davi, mas ele decidiu usar Jônatas como a conexão divina de Davi para o destino.

Elias e Eliseu tinham uma conexão divina. Deus instruiu Elias a ungir um profeta em seu lugar. Eliseu serviu fielmente ao seu mentor, como também Josué serviu a Moisés, e acabou recebendo seu manto (2Reis 13). Eliseu fez o dobro de milagres de Elias, mas isso nunca teria acontecido sem a conexão divina. Paulo e Timóteo tinham uma conexão divina, como tinham também Rute e Noemi. A lista é interminável.

Em cada caso vemos um destino profético surgindo de relacionamentos divinos. Josué herdou o bastão da terra prometida de Moisés. Samuel ungiu Davi como rei. Eliseu herdou o manto de Elias. E Timóteo continuou a missão evangelística de Paulo. Rute era da linhagem do Messias. Você não pode fazer com que conexões divinas aconteçam, mas pode permanecer espiritualmente alerta para não as ignorar.

DISCERNINDO CONEXÕES DIVINAS

Como, então, você discerne uma conexão divina? Ao mesmo tempo que devemos confiar no Senhor para que ele nos mostre tudo que precisamos ver, podemos ver um fruto claro de conexões divinas. Conexões divinas são, simplesmente, divinas. Elas produzirão o fruto do Espírito Santo e manifestarão o coração do Pai em sua vida. Nem todas as conexões divinas são iguais, mas elas têm o denominador comum de ajudá-lo a ver a vontade de Deus se realizar em sua vida — às vezes em um ritmo acelerado.

Quando você entra numa conexão divina, ela é um relacionamento do próximo nível, que alimenta sua visão, seu propósito e sua tarefa específica em qualquer estação. Uma conexão divina ocorre com uma pessoa que consegue enxergar partes do todo que você não consegue ver e oferece soluções para problemas que você não consegue resolver. Paulo escreveu: "Pois em parte conhecemos e em parte profetizamos" (1Coríntios 13:9). Conhecemos uma parte, mas uma conexão divina acrescentará uma peça do quebra-cabeças ao seu destino profético. Acrescentará sabedoria à sua vida. Em outras palavras, Deus usa conexões para derramar sua sabedoria divina livremente quando pedimos (Tiago 1:5).

Uma conexão divina nem sempre é um relacionamento pessoal próximo. Pode ser um relacionamento que abre portas. Já experimentei tantas dessas conexões divinas que nem consigo contá-las. Podem ser relacionamentos de longo ou de curto prazo — de prazo tão curto, a ponto de você nunca voltar a ver essa conexão divina, como uma pessoa misteriosa que paga sua conta no restaurante. Nesse contexto, Deus lhe dá o favor sobrenatural de pessoas em posições de autoridade e poder que podem abrir uma porta que ele deseja abrir com a chave de Isaías 22:22. Eu não estaria onde estou hoje sem conexões abridoras de portas.

Uma conexão divina pode se manifestar na forma de um intercessor sobre o qual Deus colocou o fardo de orar. Apesar de dizer frequentemente que não tenho intercessão suficiente para cobrir meu ministério, Deus usou intercessores de conexão divina em minha vida em momentos estratégicos para romper a oposição demoníaca à minha missão seguinte. Dessa forma, intercessores divinos podem abrir o caminho para compromissos divinos — e outras conexões divinas.

Uma conexão divina também pode conectar você com recursos de que você precisa para avançar em seu destino profético — seja dinheiro, informações ou uma revelação. Eu tive profetas de conexões divinas em minha vida que me deram uma palavra em tempo oportuno, explicando-me coisas que eu não conseguia enxergar. Desfrutei de financiadores de conexões divinas que me ajudaram a financiar diversos projetos de ministério. Deus é dono de gado em mil colinas (Salmos 50:10). A prata pertence a ele. O ouro pertence a ele. Ele sabe tudo, vê tudo, é todo-poderoso e suficiente.

Uma conexão divina pode também ser um amigo que é mais leal do que um irmão. Esse amigo divino encorajará você nos piores momentos e se recusará a permitir que desista daquilo para o qual Deus lhe chamou. Ele levantará seus braços quando você estiver cansado. Ele fará sacrifícios por você quando necessário, ele se levantará e lutará com você e por você, e entrará em acordo contigo em oração. Um amigo divino é alguém a quem você pode confiar tudo. Ele caminha contigo em amor e perdão, mesmo em seus piores momentos.

É importante observar que uma conexão divina não é igual a um laço emocional. Você pode ter laços emocionais com alguém que não é uma conexão divina. Na verdade, você pode ter laços emocionais com alguém que obstrui seu destino profético. Um laço emocional é quando corações se unem. Quando corações se unem em amor, como Paulo descreveu em Colossenses 2:2, isso é uma manifestação saudável da família cristã.

Mas, quando corações se unem através de emoções tóxicas ou pecados, a conexão é carnal ou até mesmo demoníaca. Semelhantemente, você pode ter uma conexão divina com alguém e não ter laços emocionais. Alguns dos relacionamentos mais fortes se desenvolvem quando tanto o espírito quanto a alma estão conectados no amor de Deus. Jônatas e Davi tinham uma conexão divina e laços emocionais, pois a Bíblia diz que o coração de Jônatas estava unido ao coração de Davi (1Samuel 18:1).

Conexões divinas são atacadas. Você precisa lutar para manter algumas conexões divinas — e, às vezes, precisa lutar para restaurá-las. Você pode perceber um relacionamento ferido quando uma

CONSTRUINDO RELACIONAMENTOS DIVINOS

pessoa que antes se abria para você começa a fechar seu espírito, ser reservada, limitar a comunicação ou se tornar defensiva, argumentativa ou sarcástica. Há muitas maneiras de ferir relacionamentos divinos, mas muitas vezes a causa é comunicação corrompida, contra a qual a Bíblia nos alerta (Efésios 4:29). Seja cauteloso a respeito de como você ouve e seja cauteloso em relação a palavras, que podem quebrar um espírito (Provérbios 15:4).

Se você descobrir que feriu um relacionamento divino ou se sente ferido em um relacionamento divino, clame a Deus por restauração. Peça que Deus lhe indique a hora para uma conversa de restauração e que ele lhe dê a sabedoria para conduzi-la. Ore para que ele prepare seu coração e o coração dos outros envolvidos. Abra mão de raiva e acusações e entre na conversa com um espírito de perdão — disposto a perdoar e a pedir perdão. Esteja disposto a recuar e demonstrar misericórdia. Expresse como você se sente, sem acusar, e ouça sem interromper.

ABRAÇANDO RECONEXÕES DIVINAS

Por todas as conexões divinas que vejo na Bíblia, vejo também reconexões divinas poderosas ou relacionamentos do início ao fim que revelam o poder redentor e reconciliador de Deus. Talvez um relacionamento tenha sido danificado, ou talvez você tenha perdido o contato no ritmo acelerado da vida, ou talvez Deus os tenha separado por uma temporada.

Uma das reconexões divinas mais poderosas na Bíblia é o relacionamento de Paulo com João Marcos. Quando Saulo e Barnabé partiram para o campo missionário, levaram consigo o jovem João Marcos (Atos 12:12). Por alguma razão (provavelmente em conexão com a guerra espiritual que estava sendo travada contra o ministério de Paulo), João Marcos abandonou a missão (Atos 13:13).

Mais tarde, Saulo e Barnabé se separaram porque Barnabé queria levar João Marcos com eles, mas Paulo achou que era melhor não o levar, visto que ele tinha desistido na primeira viagem. Mas Deus curou o relacionamento. Em uma das últimas cartas de Paulo escritas na prisão, ele mencionou João Marcos, instruindo o seu filho espiritual Timóteo a trazer "Marcos com você, porque ele me é útil para o ministério" (2Timóteo 4:11).

Ló também experimentou uma reconexão divina com Abraão, e essa reconexão pode ter salvado sua vida. Ló e sua família foram presos por cinco reis (Gênesis 14:8-12). Quando Abraão soube disso, reuniu 318 de seus homens e partiu para resgatar Ló — e teve sucesso. Apesar de não continuarem andando juntos como antes de Ló decidir se assentar em Sodoma, isso foi uma reconexão divina poderosa.

Assim como acontece com as conexões divinas, você não pode fazer com que as reconexões divinas aconteçam. Isso é uma das razões pelas quais elas são chamadas de "divinas". Isso é ação de Deus à maneira dele e no tempo dele. Quando acontece, esse tipo de relacionamentos se manifesta na estação de Deus e pela razão dele. Creio que, nesta estação, Deus esteja produzindo muitas reconexões divinas e também dando nova vida a relacionamentos estabelecidos para que possamos avançar rapidamente em seus propósitos.

DISCERNINDO CONEXÕES FALSAS

O inimigo sempre busca falsificar aquilo que Deus criou. O Senhor traz conexões divinas para a nossa vida. O inimigo quer falsificar conexões divinas. Você pode chamá-las de "conexões falsas". São conexões que pretendem matar, roubar e destruir o seu destino. São conexões que desperdiçam seu tempo, seu dinheiro e sua energia. São conexões que querem tomar, tomar, tomar sob o pretexto de dar, dar, dar.

Tenho visto pessoas entrarem em minha vida com um sorriso largo estampado em seu rosto, sugerindo que conseguiriam aliviar meu fardo, abrir novas portas ou ser confessoras confidenciais. Eu caí nessa uma ou duas vezes, mas, após receber uma queimadura de terceiro grau, aprendi a detectar uma conexão falsa de longe — pelo menos na maioria das vezes.

Não que eu esteja vivendo em um espírito de suspeita. Eu opero com base no discernimento de espíritos e naquilo que aprendi com experiências passadas. Eu também me apoio fortemente na Palavra de Deus, que, como já mencionei, tem muito a dizer sobre esse tema. Seguem aqui dez maneiras de discernir amigos falsos com a ajuda da Palavra de Deus.

1. Conexões falsas produzem fruto podre

"Cuidado com os falsos profetas. Eles vêm a vocês vestidos de peles de ovelhas, mas por dentro são lobos devoradores. Vocês os reconhecerão por seus frutos. Pode alguém colher uvas de um espinheiro ou figos de ervas daninhas? Semelhantemente, toda árvore boa dá frutos bons, mas a árvore ruim dá frutos ruins" (Mateus 7:15-17).

Essa passagem menciona falsos profetas, mas você pode identificar uma conexão falsa da mesma forma inspecionando os frutos. Conexões falsas fazem muitas promessas, mas não se dão ao trabalho de cumprir a sua palavra. Amigos falsos podem dizer-lhe o que você quer ouvir, com palavras escorregadias como manteiga, que lhe puxam para o lado deles, porque querem algo de você (Salmos 55:21), mas, quando você precisa, eles desaparecem.

2. Conexões falsas traem sua confiança e te apunhalam pelas costas

A Bíblia diz que fiéis são as feridas de um amigo (Provérbios 27:6), mas diz isso no contexto de um amigo que corrige um erro que você não enxerga em sua vida. É como ferro afiando ferro (Provérbios 27:17). Isso é bem diferente de alguém que diz palavras cruéis pelas suas costas ou que trai a sua confiança.

É doloroso, e Davi sabia disso muito bem: "Até o meu melhor amigo, em quem eu confiava e que partilhava do meu pão, voltou--se contra mim" (Salmos 41:9). E não nos esqueçamos de que Judas traiu Jesus com um beijo (Lucas 22:47-48).

3. Conexões falsas não respeitam seus limites santos

Conexões falsas também não respeitam sua ética e moralidade. Elas não se importam se você decidiu em seu coração estudar a Palavra todas as noites ou levantar cedo para orar. Elas tentarão você a gastar seu tempo de maneiras que não glorificam a Deus. Aceite o conselho de Paulo: "Não se deixem enganar: 'as más companhias (comunhão, associações) corrompem os bons costumes'" (1Coríntios 15:33).

4. Conexões falsas não lhe demonstram bondade quando estiver necessitado

A Bíblia nos diz que não devemos deixar de fazer o bem àqueles a quem ele é devido se estiver nas nossas mãos fazê-lo (Provérbios 3:27). Muitas vezes, quando passamos por uma provação, precisamos de bondade. Bondade é um fruto do Espírito, e qualquer um que esteja operando no fruto do Espírito lhe demonstrará bondade em um momento de necessidade. Mas conexões falsas não se importam com o que é melhor para você e não lhe oferecerão bondade genuína. Jó 6:14 diz desta forma: "Um homem desesperado deve receber a compaixão de seus amigos, muito embora ele tenha abandonado o temor do Todo-poderoso".

5. Conexões falsas trazem conflito e divisão para a sua vida

Provérbios 16:27-28 alerta: "O homem sem caráter maquina o mal, suas palavras são um fogo devorador. O homem perverso provoca dissensão, e o que espalha boatos afasta bons amigos". Conexões falsas trazem drama e sangue ruim para os seus relacionamentos. Se alguém for sempre dramático ou trabalhar para lhe separar das conexões divinas que amam você, tome cuidado.

6. Conexões falsas são egoístas e egocêntricas

"Pois onde há inveja e ambição egoísta (rivalidade e conflito), aí há confusão (inquietude, desarmonia, rebelião) e toda espécie de males" (Tiago 3:16). Você pode apostar que haverá muito drama com conexões falsas. Elas podem ter inveja de você e tentar derrubar você. Podem ter uma ambição egoísta em seu coração e se irritar se você não as apoiar. Ou podem ser egocêntricas e desrespeitar todos os outros além de si mesmas.

Essas conexões falsas podem simplesmente ser imaturas ou estar sob a influência de um espírito. Em todo caso, quando houver consistentemente inquietude, desarmonia, rebelião e outras práticas más e vis, você precisa questionar a saúde de seu relacionamento. Conexões divinas ajudam você a carregar seu fardo, em vez de serem um peso constante.

7. Conexões falsas manipulam e controlam

"Essas pessoas não estão servindo a Cristo, nosso Senhor, mas a seus próprios apetites. Mediante palavras suaves e bajulação, enganam os corações dos ingênuos" (Romanos 16:18). Conexões falsas tentarão controlar e manipular você. Podem saber exatamente o que estão fazendo ou não fazer nenhuma ideia.

Com esse tipo de conexão falsa, você cederá à pressão, mesmo quando não concorda, e então fica com raiva de si mesmo mais tarde. Quando você finalmente contestar os jogos falsos de sua conexão falsa, ela tentará virar o jogo e acusará você de ser um manipulador. Isso é um relacionamento tóxico. Conexões divinas não fazem acusações falsas. Isso é tarefa do diabo.

8. Conexões falsas chutam você quando você está no chão

"O amigo ama em todos os momentos; é um irmão na adversidade" (Provérbios 17:17). Davi experimentou isso: "Se um inimigo me insultasse, eu poderia suportar; se um adversário se levantasse contra mim, eu poderia defender-me; mas logo você, meu colega, meu companheiro, meu amigo chegado, você, com quem eu partilhava agradável comunhão enquanto íamos com a multidão festiva para a casa de Deus!" (Salmos 55:12-14).

Conexões falsas veem seu sofrimento e lançam suas acusações, levantam suas ofensas e exigem discussões, mesmo quando está claro que você não aguenta outro golpe. Conexões falsas insistirão no assunto. Conexões divinas sofrerão com você, especialmente quando estiver sob ataque, passando por uma tempestade ou com uma arma apontada para você. Conexões divinas não levantarão problemas no relacionamento até você estar pronto para responder em paz.

9. Conexões falsas usam e abusam de você

"Não explorem um ao outro, mas temam ao Deus de vocês. Eu sou o Senhor, o Deus de vocês" (Levítico 25:17). Conexões falsas tomam o que você der a elas, e não oferecerão nada em troca. Amigos falsos virão com a expectativa de que você lhes dará o que e quando eles querem — e ficam magoados se você não fizer isso.

Jesus alertou que haverá aqueles que nos usam de forma abominável (Mateus 5:44). A palavra *usar* nesse versículo significa "insultar, tratar de forma abusiva, usar de modo abominável, injuriar, acusar falsamente, ameaçar". Amigos falsos lhe darão ultimatos, lançarão acusações falsas e farão ameaças veladas e abertas. Jesus diz que devemos orar por essas pessoas.

10. Conexões falsas quebram alianças e traem você

A Bíblia oferece muitos exemplos de pessoas que fizeram alianças umas com as outras. Conexões falsas farão alianças e as quebrarão. Jesus chamou Judas de "amigo" (João 15:15). Judas bebeu a aliança do sangue de Cristo (Mateus 26:28). Mas naquela mesma noite Judas traiu o Filho do Deus vivo por meras trinta moedas de prata. Conexões falsas dirão o que você quer ouvir para entrar em seu círculo mais íntimo. Conexões falsas servirão fielmente a você até isso parar de trazer benefícios para elas — então quebrarão a aliança e trairão você. Conexões divinas são leais, mesmo quando discordam.

Essas são apenas algumas poucas características de conexões falsas. Talvez você se lembre de outras. Graças a Deus, ele nos envia conexões divinas, e nós devemos apreciá-las. Provérbios 27:9 nos diz: "Perfume e incenso trazem alegria ao coração; do conselho sincero do homem nasce uma bela amizade".

LIVRANDO-SE DE RELACIONAMENTOS QUE MATAM O DESTINO

Se você discernir um relacionamento nocivo, ore. Talvez o Senhor queira que você o restaure, servindo como testemunha do amor e da longanimidade de Deus. Mas não somos chamados para ser capachos, abusados, manipulados, controlados, traídos ou qualquer coisa desse tipo. E tome cuidado: conexões falsas oferecerão arrependimento falso, como Acabe, e continuarão cometendo os mesmos pecados contra você. Você é instruído a perdoar sete vezes, setenta vezes sete e mais (Mateus 18:22), mas reconciliação não é algo obrigatório.

Eu quero ajudá-lo a romper laços emocionais nocivos que você pode ter criado com conexões falsas. Recuse-se a ceder às táticas emocionais e permaneça firme na Palavra de Deus, caminhando em amor e tardando ao falar — e ore por elas. Se você fizer isso, permanecerá sem culpa aos olhos de Deus e libertará o Espírito Santo para trazer convicção para que elas ou se arrependam, ou saiam da sua vida em paz. Algumas dessas conexões podem estar em seu passado — e talvez você precise perdoá-las.

Eu tive uma visão durante meus programas de oração. O Senhor me mostrou pessoas emaranhadas em cordas, e aquelas cordas se chamavam "passado". O Espírito Santo revelou que muitas pessoas não conseguiam avançar porque laços e alinhamentos emocionais e tóxicos estavam prendendo-as ao passado.

Bem, a Bíblia não usa a expressão "laços emocionais", mas esse é um conceito bíblico ilustrado pelas Escrituras. Laços e alinhamentos emocionais podem ser saudáveis ou tóxicos, ou começar de forma saudável e se tornar tóxicos. Um laço emocional é diferente de uma maldição, porque você entrou nele voluntariamente na maioria dos casos, mesmo que tenha sido de modo inconsciente. Existem pelo menos três maneiras de desenvolver laços emocionais.

1. Um laço emocional ocorre quando as almas de pessoas se unem em relacionamentos próximos, como foi o caso de Jônatas e Davi. 1Samuel 18:1 diz: "Depois dessa conversa de Davi com Saul, surgiu tão grande amizade entre Jônatas e Davi que Jônatas tornou-se o seu melhor amigo".

2. Um laço emocional pode se formar durante relações sexuais, quando duas pessoas se tornam uma só carne. Efésios 5:31 nos diz: "Por essa razão, o homem deixará pai e mãe e se unirá à sua mulher, e os dois se tornarão uma só carne". É por isso que divórcios são tão difíceis. Vocês têm laços emocionais.

3. Um laço emocional pode se formar quando você faz votos ou uma aliança com alguém. Semelhantemente, compartilhar informações pessoais confidenciais com um amigo pode criar um laço emocional, e o mesmo pode acontecer quando você faz um pacto com alguém ou jura lealdade a ele. Tenha o cuidado de não entrar apressadamente em um relacionamento pactual.

Muitas vezes é necessário livrar-se de coisas que você tem e que estão conectadas com alguém com quem você está rompendo um laço emocional tóxico. Essas coisas podem ser fotografias, presentes, joias, roupas — qualquer coisa que liga você a essa pessoa.

Da mesma forma, se você fez quaisquer votos como aqueles que acabei de descrever — "Jamais permitirei que alguém me machuque novamente!" —, arrependa-se deles agora mesmo. Até mesmo votos do tipo "Eu nunca abandonarei essa igreja" ou "Eu amarei você até o fim dos tempos" precisam ser rompidos se foram ditos apressadamente ou em um relacionamento pecaminoso.

Romper laços emocionais não é difícil, e é semelhante a quebrar uma maldição geracional. Tudo começa com arrependimento. Se você cometeu algum tipo de pecado que o levou a um laço emocional — normalmente um pecado sexual —, renuncie, arrependa-se da ofensa contra o coração de Deus e peça perdão. Receba esse perdão e então rompa o laço emocional, em nome de Jesus!

Em primeiro lugar, você precisa renunciar o laço emocional e quaisquer votos que fez e que não eram de Deus. Em seguida, precisa se arrepender de ter entrado nesses laços emocionais ou votos. Perdoe qualquer pessoa envolvida nos laços emocionais ou votos. Perdoe a si mesmo. Receba o perdão de Deus.

Faça tudo isso em voz alta. Por exemplo: "Eu renuncio a esse laço emocional com _____ em nome de Jesus. Não quero ter parte nesse laço emocional ímpio. Eu o corto agora mesmo e imploro o sangue de Jesus sobre minha mente e boca. Eu me arrependo do pecado que me levou a esse laço emocional. Eu perdoo aqueles aos quais me amarrei, e peço teu perdão para eles e para mim, e eu perdoo a mim mesmo".

Você pode aprimorar essa formulação com mais descritores e sinceridade, mas esses são os elementos que é preciso enfrentar ao romper laços emocionais.

CAPÍTULO 11
RECUSANDO-SE A DESISTIR

Quando as pessoas me perguntam como eu tive sucesso na vida — primeiro como uma entre os 1% de escritores seculares que mais ganhavam, e depois como a primeira mulher editora da revista *Charisma*, além de autora campeã de vendas sem formação superior —, eu lhes digo isto: a melhor coisa que tenho a meu favor é que eu simplesmente me recuso a desistir.

Ah! Acredite, eu quis desistir muitas, muitas vezes. Eu poderia ter desistido quando meu marido abandonou a mim e minha filha de dois anos. Eu poderia ter desistido quando fui falsamente acusada de um crime que não cometi e corria o perigo de ser condenada a cinco anos de prisão. Eu poderia ter desistido diante da devastação financeira em que me encontrava após os dois eventos que acabei de descrever. Eu poderia ter desistido após suportar abuso espiritual numa igreja que eu frequentava logo após nascer de novo. Eu poderia ter desistido em meio a uma doença que me prendeu à cama por mais de um ano.

Todos nós temos muitas razões para desistir. Sua história pode ser mais dramática do que a minha ou talvez ainda tenha que enfrentar suas provações mais significativas. A melhor coisa que tenho a meu favor é que eu simplesmente me recusei a desistir — e eu me recuso a desistir, não importa o que eu enfrente. Eu decidi isso em meu coração muito tempo atrás. E você deveria fazer o mesmo.

Claro, eu já expressei meu desejo de jogar a toalha nos pontos baixos de batalhas, mas nunca cheguei a soltar a toalha. Sim, até já enviei minha carta de demissão a Deus, mas ele se recusou a aceitá-la. Sirvo para satisfazer ao meu Senhor e Salvador. Para onde mais eu iria?

O que, então, você faz quando quer desistir? Você se enfia na cama dias a fio, esperando escapar da dura realidade? Você se joga na frente da TV com um saco de batatinhas e um pote de sorvete (e ganha alguns quilinhos), assistindo a tudo que desvie sua atenção da dor? Você liga para os seus amigos para recitar e repetir o drama, esperando que eles tenham uma palavra profética? Você se revira em autocomiseração? Você molha seu travesseiro com lágrimas (Salmos 6:6)?

Vou poupar-lhe algum tempo (e algumas calorias). Tenho feito todas essas coisas, mas nenhuma delas ajuda. Então, o que você deve fazer quando quer desistir?

DECIDA QUE DESISTIR NÃO É UMA OPÇÃO

Sei muito bem como é querer desistir. Conheço as tentações de recorrer ao conforto do mundo em meio a uma provação. Conheço as emoções que acompanham uma tempestade que tenta assolar sua família. Mas desistir simplesmente não é uma opção — e você precisa decidir isso agora. Se largarmos nossas armas, o diabo não abandonará sua posição para perseguir outra pessoa. Quando largamos nossas armas, nós simplesmente nos tornamos um alvo mais fácil para o inimigo. O diabo continuará atacando até roubar nossa fé na bondade de Deus.

Quando sentimos a vontade de desistir, podemos levar nossas queixas a Deus. Ele certamente saberá lidar com elas. Como Davi, podemos levar nossos suspiros a Deus ao amanhecer, ao anoitecer e ao meio-dia. Não é um pecado abrir nosso coração para Deus em desespero. Ouça um clamor dramático de Davi num tempo no qual ele queria jogar a toalha:

Escuta a minha oração, ó Deus, não ignores a minha súplica; ouve-me e responde-me! Os meus pensamentos me perturbam, e estou atordoado diante do barulho do inimigo, diante da gritaria dos ímpios; pois aumentam o meu sofrimento e, irados, mostram seu rancor. O meu coração está acelerado; os pavores da morte me assaltam. Temor e tremor me dominam; o medo tomou conta de mim. Então eu disse: "Quem dera eu tivesse asas como a pomba; voaria até encontrar repouso! Sim, eu fugiria para bem longe, e no deserto eu teria o meu abrigo. Eu me apressaria em achar refúgio longe do vendaval e da tempestade". (Salmos 55:1-8)

Certamente consigo me identificar com essas palavras, e creio que você também. Se você é como eu (e Davi), há momentos em que sente como se Deus não estivesse ouvindo. Vozes más se levantam com culpa e condenação ou rancor. Você sente como se já tivesse esgotado cada oração. Luta contra o medo. Só quer sair dali voando para escapar da provação. Quer se esconder numa cabana na floresta. Precisa de uma pausa da tempestade — e precisa disso agora. Tentou de tudo, e nada muda. Parece até que Deus nem ouve você.

Mas, no fim, precisamos concluir, como Davi, que Deus nos ouve sim (Salmos 116:1), que ele está resolvendo a situação (Romanos 8:28) e que sua graça nos basta (2Coríntios 12:9). No fim, precisamos chegar à conclusão de que Deus é confiável (Salmos 9:10). No fim, precisamos manter vestida toda a nossa armadura de Deus para que possamos resistir aos ataques do inimigo contra a nossa mente e, tendo feito de tudo, permanecer firmes (Efésios 6:13).

Davi concluiu seu clamor desta maneira:

Eu, porém, clamo a Deus,

e o Senhor me salvará.

À tarde, pela manhã e ao meio-dia choro angustiado,

e ele ouve a minha voz.

Ele me guarda ileso na batalha,

ainda que muitos estejam contra mim.

Deus, que reina desde a eternidade,

me ouvirá e os castigará.

Pois jamais mudam sua conduta

e não têm temor de Deus. [...]

Entregue suas preocupações ao Senhor,

e ele o susterá;

jamais permitirá que o justo venha a cair. [...]

confio em ti.

(Salmos 55:16-19, 22-23)

Entregue suas preocupações ao Senhor. Se ele carregou o fardo de Davi e o ajudou — e foi o que ele fez —, ele não decepcionará você. Por mais banal que pareça, decida confiar em Deus e você não será decepcionado (Romanos 10:11). Decida em seu coração agora que não desistirá.

O PERIGO DO DESENCORAJAMENTO

Eu estava dirigindo na autoestrada tão contente quanto poderia estar quando o Espírito Santo começou a falar comigo sobre desencorajamento. Prestei atenção com meus ouvidos espirituais, como sempre faço, mas minha mente natural não entendia por que meu amigo levantaria esse assunto enquanto eu estivesse dirigindo tão contente quanto poderia estar.

O inimigo não levaria desencorajamento para o seu coração se você não estivesse fazendo algo de que ele desgosta. Ele está tentando fazer com que você desista de fazer o que está fazendo levando você a acreditar que não está fazendo diferença, o Espírito Santo sussurrou em meu coração com aquela voz pequena e silenciosa. *Não desanime.*

Pensei comigo mesma: *Eu sei que muitas pessoas estão desanimadas*. É claro, normalmente preciso atravessar as coisas antes de poder escrever sobre elas com alguma autoridade, e não foi diferente com esse assunto do desencorajamento. Poucas horas após o Espírito Santo compartilhar essas palavras comigo, uma tempestade de desencorajamento se levantou contra mim como um furacão de categoria 5.

O desencorajamento é uma arma perigosa no arsenal do inimigo. O *Merriam-Webster* define *desencorajar* como "tornar (alguém) menos determinado, esperançoso, confiante; tornar (algo) menos provável de acontecer; tentar fazer com que as pessoas não queiram fazer (algo); privar de coragem ou confiança; impedir desfavorecendo; dissuadir ou tentar dissuadir de fazer algo".

Isso é um bom resumo, não é? O inimigo vem para roubar, matar e destruir (João 10:10), e muitas vezes o desencorajamento faz parte de sua estratégia para roubar sua confiança a fim de que você não cause danos maiores ao seu reino sombrio através de atos obedientes de serviço a Deus. O diabo usa o desencorajamento para matar sua esperança e destruir seus sonhos com circunstâncias, o que faz com que você queira desistir.

O desencorajamento se apresenta de muitas formas: orações não respondidas, pressões financeiras, problemas de saúde, sentimentos de que nada do que você faz funciona, sentimentos de não ser reconhecido e todas as maneiras de adversidades naturais e de guerra espiritual. Desencorajamento é perigoso, pois desvia seu coração do propósito de Deus, leva você a acusar outros por suas circunstâncias desagradáveis, rouba sua confiança, leva você a tomar decisões tolas, deixa você crítico, irritado ou deprimido — e, no fim, leva-o a querer desistir.

SUPERANDO O DESENCORAJAMENTO

Quando aquele desencorajamento me atacou como um furacão, fiquei sem fôlego por um minuto. Por mais de um minuto: foi por um dia. Eu não dormi bem. Minha mente me apresentava cenários diferentes. Eu estava procurando alguém para culpar e senti a vontade de desistir. No fim, tive que dominar minha mente, que é o campo de batalha primário na guerra espiritual. Tive que voltar, lembrar o que o Espírito Santo tinha falado para mim e recorrer ao coração dele. Deixe-me compartilhar com você mais um vez o que ele me disse:

> *O inimigo não levaria desencorajamento para o seu coração se você não estivesse fazendo algo de que ele desgosta. Ele está tentando fazer com que você desista de fazer o que está fazendo levando você a acreditar que não está fazendo diferença. Não desanime. Você está fazendo a diferença para Deus. Seja fiel. Continue fazendo o que está fazendo. Sua recompensa no céu é grande.*

Não somos chamados para andar em desencorajamento. Não somos chamados para desistir. Não somos chamados para olhar para o mundo com olhos naturais. Somos chamados para nos encorajar no Senhor, para avançar e andar pela fé, e não pela visão daquilo que o diabo arremessa contra nós.

Não veja as coisas com seus olhos naturais, mas veja através das lentes das promessas do Pai a você. Não importa o que Deus chamou você para fazer, deixe que esta passagem bíblica encoraje seu coração: "Vejam, o Senhor, o seu Deus, põe diante de vocês esta terra. Entrem na terra e tomem posse dela, conforme o Senhor, o Deus dos seus antepassados, lhes disse. Não tenham medo nem se desanimem" (Deuteronômio 1:21).

DESCANSO PARA OS CANSADOS

Daniel 7:25 diz que o inimigo vem para cansar os santos, mas, através da minha experiência de artes marciais mistas, aprendi o que cansa o inimigo. Eu parei de me cansar fazendo o bem quando descobri que o inimigo se cansa fazendo o mal. Em outras palavras, se nós não desistirmos — se continuarmos insistindo —, eventualmente o diabo desistirá. Venceremos a luta contra principados, poderes e seus semelhantes (Efésios 6:12).

Você se lembra de quando o Senhor falou com o apóstolo Paulo através de uma visão noturna? Ele disse: "Não tenha medo, continue falando e não fique calado, pois estou com você, e ninguém vai lhe fazer mal ou feri-lo, porque tenho muita gente nesta cidade" (Atos 18:9-10).

Essa foi a passagem bíblica que me veio à mente uma noite após eu voltar para casa do spa. Sim, do spa. Veja, não sou orgulhosa demais para admitir que carregar o peso e combater o combate espiritual que acompanha um ministério internacional de palestras, de plantar casas de oração, de escrever livros novos, de produzir música de adoração — vou parar por aqui — às vezes não seja uma guerra contra minha mente e meu corpo tão intensa, que chegue a ser esmagadora.

Quando isso acontece, aprendi que preciso me desligar e permitir que o Espírito Santo cuide de mim. Nunca imaginei que Deus tinha preparado alguém no spa para dizer uma palavra em tempo oportuno que me lembraria de como o nosso Deus é grande e de como ele realmente se importa. Mas foi o que aconteceu. Foi um encontro divino. Deus tinha colocado uma poderosa guerreira de oração (com um forte sotaque jamaicano) naquele spa para administrar o poder do Espírito Santo.

Eu emergi do spa com uma consciência renovada de que Deus realmente guia os nossos passos (Salmos 37:23). Emergi com uma nova perspectiva para carregar os fardos espirituais e combater o combate que acompanha tudo que o Senhor me chamou para fazer. E emergi com uma decisão firme de que não carregaria esse fardo sozinha por mais tempo — e que a batalha pertence ao Senhor (2Crônicas 20:15). Decidi que não teria medo, mas que falaria; que eu não me calaria, pois Deus é comigo, e que ninguém me atacaria e machucaria. Fato é que ele tem muitas pessoas nesta cidade (Atos 18:9-10).

É claro, eu somente cheguei a essa revelação após decidir aquietar a minha alma (Salmos 46:10). Eu me desliguei do mundo agitado em minha volta e fui para o spa. Primeiro, entrei na sauna. Eu estava sozinha, acompanhada apenas pelo Espírito Santo. Deus me disse: *Quando você sair daqui, deixe para trás toda essa pressão. Deixe-a bem aqui.* Eu tentei, mas, quando saí da sauna para me encontrar com minha massagista, eu ainda estava carregando o peso. Acredito que Darla, a mulher jamaicana de sessenta anos, discerniu minha condição, e o Espírito Santo lhe deu uma palavra de sabedoria. Ela disse: "Quando você sair daqui, deixe para trás toda a pressão".

Assombroso? Não, era o Espírito Santo falando através dela o que ele tinha falado para mim instantes antes. Veja, o Senhor tem muitas pessoas nesta cidade — e uma delas estava no spa naquele dia. O Senhor guiou meus passos e me levou até essa mulher cheia do Espírito. E o Senhor confirmou o que ele tinha falado para o meu espírito através de um vaso obediente. Eu contei para a Darla que eu estivera orando e que o Senhor tinha me dado essas mesmas palavras. E isso iniciou uma intercessão profética que eu jamais teria esperado no meio de um spa.

Cheia do Espírito Santo, Darla me agarrou, me abraçou e começou a pregar uma poderosa palavra de fé que fez o diabo fugir com o rabo entre as pernas. Depois de dois derrames e um tumor cerebral, Darla explicou, ela aprendeu a entregar todas as suas preocupações de uma vez por todas ao Senhor. Ela deu testemunho da bondade de Deus, me exortou a louvá-lo durante o combate e encorajou meu coração com oráculos de Deus. Então ela continuou a falar em diversas línguas e uma oração intercessora que literalmente encheu meu espírito, minha alma e meu corpo com a força de que eu precisava para correr de volta para a linha de batalha não com minha força própria, mas com o poder de Deus.

Ouça, você conhece a Palavra. Você conhece o Senhor. Você conhece seus caminhos. Mas, às vezes, quando estamos em meio ao fogo cruzado — quando pessoas estão tentando silenciar nossa voz e principados e poderes estão se reunindo contra nós —, precisamos pôr em fuga mais de mil, porque mais de mil estão nos atacando. Às vezes precisamos de um guerreiro de oração do nosso lado para ajudar-nos a pôr em fuga esses mil. Às vezes precisamos de um encontro com Deus no meio da batalha espiritual para lembrar-nos de que ele tem pessoas nesta cidade.

Amado, se você estiver desencorajado, estressado, esgotado ou pronto para desistir, aguente firme. Todo mundo quer desistir de vez em quando, e normalmente isso acontece quando estamos tentando fazer com nossas próprias forças aquilo que Deus nos chamou para fazer. Clame a Deus. Ele está ouvindo. Agradeça a Deus pela graça. E agradeça a Deus por não termos que ter medo, porque Deus está conosco, e ninguém nos atacará e machucará — pois ele tem muitas pessoas na nossa cidade.

QUANDO VOCÊ PRECISA COMEÇAR DE NOVO

Às vezes a vida e os projetos não correm como planejamos, e você é obrigado a começar do zero. Isso é especialmente desencorajador. Eu tive que recomeçar minha vida repetidas vezes. Eu poderia ter desistido em qualquer momento ao longo do caminho, mas a graça de Deus me impediu.

Quando fraturei a perna aos sete anos e acabei com o corpo inteiro engessado, tive que aprender a andar do zero. Foi um processo doloroso e levou o que parecia uma eternidade para uma criança que queria sair e brincar. Quando fraturei minha perna novamente um ano depois — e acabei de novo com o corpo inteiro engessado —, tive que repetir todo o processo.

Quando saí de casa aos 18 anos, tive que recomeçar minha vida longe da minha família. Quando meu marido abandonou a mim e ao meu bebê 12 anos depois, tive que recomeçar novamente.

Quando nasci de novo alguns meses depois, fiz outro começo totalmente novo na vida. E, após ir para a prisão sob acusações falsas, ser inocentada e finalmente liberta, comecei de novo com apenas alguns dólares no bolso e sem emprego. Quando obedeci ao Espírito Santo e me mudei para o Alabama, tive que recomeçar em um Estado novo, sem conhecer ninguém.

Alguns anos depois, saí de uma igreja espiritualmente abusiva, perdi praticamente todos os meus amigos e todas as minhas posições de ministério, a fim de seguir o Espírito Santo para uma nova coisa que ele tinha ordenado para mim. E, quando assumi minha tarefa na revista *Charisma*, recomecei mais uma vez.

Eu poderia continuar narrando infinitamente, mas paro por aqui. O que importa é: eu tive que recomeçar do zero repetidas vezes — às vezes, à força; outras vezes, voluntariamente. Mas é sempre duro.

Talvez você se identifique com isso. Na verdade, tenho certeza de que você se identifica, porque contratempos e recomeços são a história de vida da maioria das pessoas. Talvez você esteja em um lugar neste momento em que tenha que recomeçar do zero. Talvez tenha sido abusado ou traído. Talvez alguém que você ama tenha morrido ou fugido. Talvez o inimigo tenha decidido destruir tudo que você construiu. Talvez você tenha desistido de tudo para obedecer a Deus. Ou talvez você simplesmente tenha estragado tudo — talvez tudo seja culpa sua. Quero garantir-lhe que, mesmo que tenha perdido tudo, Deus ainda está contigo e tem um novo começo para você, que é maior do que qualquer coisa que o inimigo possa ter roubado — ou da qual você tenha desistido em obediência a Deus.

A Bíblia está cheia de histórias sobre pessoas que se viram obrigadas a recomeçar. Pense em Raabe, a prostituta. Raabe escondeu os israelitas que haviam sido enviados para a terra prometida para espioná-la. Quando a cidade de Jericó foi destruída, Josué poupou toda a casa de Raabe por ela ter abençoado os hebreus (Josué 6:25). Mas ela e sua família de repente se encontraram em um lugar totalmente novo, com um povo totalmente novo. Deus lhe deu uma segunda chance, mas ao longo do processo ela perdeu tudo que tinha. Ela teve que recomeçar.

Pense em Rute. Seu marido morreu. Ela atravessou dor, luto e problemas financeiros. Foi obrigada a recomeçar do zero em uma terra nova (Rute 1:6) e, eventualmente, se casou com um marido novo. Não se esqueça de Neemias. Ele teve a tarefa assustadora de reconstruir os muros decimados de Jerusalém. Ele enfrentou muitas batalhas espirituais, mas, com a graça de Deus, completou sua tarefa. E quanto a Jacó? Ele serviu ao seu tio Labão durante sete anos pelo direito de se casar com o amor de seu coração, Raquel, apenas para ser enganado e se casar com a irmã dela, Lea. Ele foi enganado e maltratado. Ele teve que começar de novo e trabalhar outros sete anos pela mão de Raquel (Gênesis 29).

Passando para o Novo Testamento, encontramos muitos outros exemplos: Saulo, o perseguidor da Igreja que tinha alcançado uma posição alta como fariseu. Quando conheceu Cristo, ele perdeu todos seus títulos e reconhecimento, e se tornou um homem caçado. Ele teve que recomeçar. Até seu nome mudou. Mas Saulo, transformado em Paulo, considerou tudo como perda em vista do valor maior de conhecer Cristo (Filipenses 3:8). Mais tarde, escreveu dois terços do Novo Testamento. E você se lembra de João Marcos, que abandonou sua primeira missão com Barnabé e Paulo (Atos 15:37-38)? João Marcos teve que resolver questões pessoais e recomeçar, mas voltou para a graça de Deus e, mais tarde, Paulo o considerou útil para o ministério (2Timóteo 4:11).

Não importa se você enfrentou morte ou perda na estrada para o seu destino profético, se você pecou ou desistiu de uma missão;

não importa o que tenha acontecido com você ou o que você tenha feito, você pode recomeçar. Se pecou, arrependa-se. Se você se encontra em um novo lugar na vida, acredite que Deus tem uma bênção para você bem ali e regozije-se. Se estiver enfrentando oposição, insista na vontade de Deus e deixe que ele lute por você. Se foi traído e maltratado, ore por seus inimigos. Se cometeu erros, trabalhe com Deus para corrigi-los.

Você pode recomeçar. Você pode encontrar sentido. Você pode ser uma inspiração para outros. Faça o que Neemias fez e se recuse a desistir. Faça o que Paulo fez e considere tudo como perda por amor a Cristo. Faça o que João Marcos fez e resolva suas questões para que você possa ser útil ao reino. Não desista.

Deus diria a você: "Todas as coisas cooperam para o bem daqueles que o amam, dos que foram chamados de acordo com o seu propósito" (Romanos 8:28). Deus diria a você: "Porque sou eu que conheço os planos que tenho para vocês [...], planos de fazê-los prosperar e não de lhes causar dano, planos de dar-lhes esperança e um futuro" (Jeremias 29:11). Deus diria a você: "Esqueça o que se foi; não viva no passado. Veja, estou fazendo uma coisa nova! Ela já está surgindo! Você não percebe? Até no deserto vou abrir um caminho e riachos no ermo" (Isaías 43:18-19). Amém.

Quando tudo indicava que os nazistas assumiriam o controle sobre o mundo inteiro, Winston Churchill, primeiro-ministro da Grã-Bretanha durante a Segunda Guerra Mundial, usou estas palavras: "Se você estiver atravessando o inferno, continue andando [...]. Nunca, nunca, nunca desista".[1]

O Espírito Santo falou estas palavras ao meu coração. Espero que elas lhe ajudem também:

> *Não desista agora. Você esperou tempo demais e perseverou em muitas provações, tribulações e batalhas para largar suas armas nesta estação. Continue e saiba que eu sou Deus. Continue avançando e*

RECUSANDO-SE A DESISTIR

saiba que eu estou com você. Continue avançando naquilo que eu instruí você a fazer, mesmo que você pareça não estar progredindo e mesmo que aqueles que deveriam estar do seu lado pareçam estar se opondo a você. Não desista agora.

CAPÍTULO 12

MUITO BEM, SERVO BOM E FIEL

Eu lhe dei dons. Eu espero que você os use. Sempre me lembrarei de quando o Senhor falou essas palavras para mim. Eu estava atravessando uma ponte no Sul da Flórida sobre o Intracoastal Waterway, admirando as palmeiras, quando ele sussurrou essas palavras em meu ouvido. Eu tinha conhecido o Senhor havia apenas 1 ano quando ele começou a me puxar para o meu destino profético.

É claro que, superficialmente, eu sabia exatamente o que ele queria dizer. As palavras eram muito claras. Mas eu não entendia a profundidade daquilo que ele queria dizer. Muitas vezes é assim quando Deus fala ao nosso coração sobre o nosso destino. Existe uma compreensão superficial, mas quase sempre há um significado mais profundo se o procurarmos. Na maioria das vezes, a compreensão mais plena se desdobra ao longo do tempo.

Lembre-se: quando fui salva, eu era uma jornalista secular. Quando disse "sim" a Jesus como uma cristã recém-nascida, eu não tinha o suficiente de sua Palavra dentro de mim para andar naquele chamado. Com aquela declaração, Deus colocou meu destino profético na pista rápida. Ele estava me chamando para pôr aqueles dons para trabalhar o mais rápido possível. Eu não sabia como exatamente, mas eu disse "sim". Descobri que ele nos usa onde estamos e no caminho de para onde estamos indo.

Pouco tempo depois de ouvir aquelas palavras, meu pastor começou a pedir que eu editasse e reescrevesse seus livros. Logo na sequência, lançamos uma revista internacional e então começamos a desenvolver currículos para a escola dominical. Eu trabalhei com tanta intensidade e com tanto esmero naqueles projetos quanto se fossem meus próprios. Investi minha paixão e trabalhei assim para o Senhor.

Na época, eu não sabia disso, mas aqueles oito anos de serviço eram uma parte central para entrar na plenitude do meu destino profético. Na verdade, foi a passagem de entrada para tudo que faço agora — escrever livros campeões de venda, publicar revistas, administrar escolas, operar redes de podcasts e canais de TV on-line.

Descobri a realidade e o funcionamento de um princípio do reino pelo qual devemos operar se quisermos acelerar e andar na plenitude de nosso destino profético. Descobri o princípio de Lucas 16:12. Jesus disse: "E se vocês não forem dignos de confiança em relação ao que é dos outros [seja Deus ou o homem], quem lhes dará o que é de vocês [isto é, as riquezas verdadeiras]?"

Eu fui uma serva boa e fiel na visão de outro homem — e contente em meu serviço voluntário — muito antes de Deus ampliar meu campo de ação e me lançar em meu próprio ministério. Deus usou meu serviço bom e fiel para me instruir e me treinar, a fim de fazer as coisas para as quais ele tinha me chamado em escala maior. Apesar de trabalhar para o meu pastor por quarenta horas por semana sem ganhar um único centavo, eu estava acumulando um favor futuro que Deus liberou na hora certa. E eu estava feliz a cada passo do caminho.

De forma semelhante, servi durante oito anos na equipe editorial da revista *Charisma*, eventualmente conquistando uma posição após a outra até, como já mencionei, tornar-me a primeira editora mulher nos quarenta anos de história da publicação.

Com os dons, talentos e com a graça que Deus me concedeu, construí sistemas, treinei funcionários e desenvolvi uma estratégia digital que aumentou o público on-line de quarenta mil por mês para sete milhões por mês. Ajudei a lançar uma rede de podcasts em torno do meu programa e fui apresentadora da plataforma durante anos.

Enquanto servia na *Charisma*, trabalhei com a dedicação e a paixão que teria investido se tivesse sido meu próprio projeto. Um ano após Deus me liberar para o ministério em tempo integral, desdobrou-se outra camada do meu destino profético. Recebi palavras proféticas de líderes importantes no corpo de Cristo sobre um novo paradigma midiático, que inclui a revista *Awakening*, a TV *Awakening*, a rede de podcasts *Awakening* e as mídias *Awakening*. Eu nunca teria imaginado isso vinte anos atrás, nem mesmo dois anos atrás, quando tudo aconteceu repentinamente. Mas meu serviço bom e fiel para um homem abriu a próxima fase de meu próprio destino profético. O que parecia "repentino" não foi, na verdade, tão repentino assim. Deus estivera ordenando meus passos o tempo todo.

Mantenha esse princípio em mente quando você estiver servindo aos outros. Seu serviço é um treinamento. Você aprende o que fazer e o que não fazer. Lembre-se: aquilo que você faz acontecer para outro, Deus fará acontecer para você. Efésios 6:5-8 nos garante:

> Escravos, obedeçam a seus senhores terrenos com respeito e temor, com sinceridade de coração, como a Cristo. Obedeçam-lhes não apenas para agradá-los quando eles os observam, mas como escravos de Cristo, fazendo de coração a vontade de Deus. Sirvam aos seus senhores de boa vontade, como ao Senhor, e não aos homens, porque vocês sabem que o Senhor recompensará a cada um pelo bem que praticar, seja escravo, seja livre.

Talvez você não tenha uma experiência exatamente igual com seu destino profético como eu tive com as mídias, mas pode ter certeza de que seu serviço para o Senhor não passará despercebido.

CHAMADO PARA SER UM SERVO BOM E FIEL

Encontramos o conceito do "servo bom e fiel" em uma das parábolas de Cristo. Uma parábola é uma curta história fictícia que ilustra um ponto, e Jesus usou parábolas com frequência nos evangelhos. Na parábola dos talentos, encontramos chaves para nos tornarmos servos bons e fiéis naquilo que Deus nos chamou para fazer. Leiamos a parábola.

> [O reino dos céus] será como um homem que, ao sair de viagem, chamou seus servos e confiou-lhes os seus bens. A um deu cinco talentos, a outro dois, e a outro um; a cada um de acordo com a sua capacidade. Em seguida partiu de viagem. (Mateus 25:14-15)

Observe como todos têm talentos. Mesmo que Jesus esteja falando sobre administração financeira nesse versículo, o conceito se aplica corretamente a dons e talentos espirituais. Contemple as palavras do apóstolo Paulo inspiradas pelo Espírito, em 1Coríntios 12:4-7:

> Há diferentes tipos de dons (poderes extraordinários que distinguem certos cristãos, devido ao poder da graça divina que opera em sua alma pelo Espírito Santo), mas o Espírito [Santo] é o mesmo. Há diferentes tipos de ministérios, mas o Senhor [a quem servimos] é o mesmo. Há diferentes formas de atuação [de trabalhar para realizar coisas], mas é o mesmo Deus quem efetua tudo em todos. A cada um, porém, é dada a manifestação [a evidência, a iluminação espiritual] do Espírito [Santo], visando ao bem comum.

Jesus continuou a parábola dos talentos em Mateus 25:16-19:

> O que havia recebido cinco talentos saiu imediatamente, aplicou-os, e ganhou mais cinco. Também o que tinha dois talentos

ganhou mais dois. Mas o que tinha recebido um talento saiu, cavou um buraco no chão e escondeu o dinheiro do seu senhor. Depois de muito tempo o senhor daqueles servos voltou e acertou contas com eles.

Quando o Senhor retornar, ele perguntará como nós usamos nossos dois e talentos. Somos chamados para ser parte da profecia de Isaías 9:7: "Deus estenderá o seu domínio, e haverá paz sem fim". Deus espera que usemos nossos dons e chamados para aumentar o seu reino. Provavelmente isso significa uma coisa para você e outra para mim. Talvez você nunca escreva livros ou viaje para nações estrangeiras para pregar o evangelho. Mas não importa o que Deus tenha colocado em sua mão, ele o fará prosperar quando você decidir seguir a orientação dele.

Continuemos com a parábola de Cristo em Mateus 25:20-30:

O que tinha recebido cinco talentos trouxe os outros cinco e disse: "O senhor me confiou cinco talentos; veja, eu ganhei mais cinco". O senhor respondeu: "Muito bem, servo bom e fiel! Você foi fiel no pouco; eu o porei sobre o muito. Venha e participe da alegria do seu senhor!" Veio também o que tinha recebido dois talentos e disse: "O senhor me confiou dois talentos; veja, eu ganhei mais dois". O senhor respondeu: "Muito bem, servo bom e fiel! Você foi fiel no pouco; eu o porei sobre o muito. Venha e participe da alegria do seu senhor!"

Por fim veio o que tinha recebido um talento e disse: "Eu sabia que o senhor é um homem severo, que colhe onde não plantou e junta onde não semeou. Por isso, tive medo, saí e escondi o seu talento no chão. Veja, aqui está o que lhe pertence". O senhor respondeu: "Servo mau e negligente! Você sabia que eu colho onde não plantei e junto onde não semeei? Então você devia ter confiado o meu dinheiro aos banqueiros, para que, quando eu voltasse, o recebesse de volta com juros. Tirem o talento dele e entreguem-no ao que tem dez. Pois a quem tem, mais será dado, e terá em grande quantidade. Mas a quem não tem, até o que tem lhe será tirado. E lancem fora o servo inútil, nas trevas, onde haverá choro e ranger de dentes".

A conclusão dessa parábola deveria incutir em você e em mim um temor saudável do Senhor. Somos chamados para fazer nossa luz brilhar diante dos homens para que eles possam ver nossas boas obras e glorificar ao nosso Pai celestial (Mateus 5:16). Somos chamados para ajudar a cumprir a Grande Comissão, pregando o evangelho e fazendo discípulos (Mateus 28:16-20). Somos chamados para ser ministros da reconciliação (2Coríntios 5:18), embaixadores de Cristo (2Coríntios 5:20) e orar por todos os homens (1Timóteo 2:1-3). Talvez você não saiba qual é exatamente o seu dom ou o seu chamado enquanto lê as palavras desta página, mas pode começar a ser fiel nessas áreas e Deus lhe mostrará os próximos passos no seu destino profético.

MUITO SE EXIGE DAQUELE QUE MUITO RECEBE

Na parábola dos talentos, um dos homens recebeu cinco talentos, e ele investiu aqueles talentos e ganhou mais cinco. Isso é um princípio espiritual. Quando investimos em nossa mistura de dons, ela aumenta. O fruto do nosso trabalho aumenta. O que investimos nele em termos de energia e tempo cresce no espírito como natural. Quando um fazendeiro semeia sementes, ele recebe uma safra.

Quando você olha para líderes no corpo de Cristo que fizeram história na igreja, desde Martinho Lutero, da Grande Reforma, até William J. Seymour, do Reavivamento da Rua Azusa, ou Kathryn Kuhlmann e Billy Graham, pode se sentir um tanto insignificante. Quero que você se lembre de duas coisas.

Em primeiro lugar, ninguém é insignificante no Reino de Deus. Não compare a si mesmo ou seu destino profético com o destino de qualquer outra pessoa. Paulo nos alertou dizendo que não é sábio comparar (2Coríntios 10:12). Quando nos comparamos, acabamos ou nos menosprezando ou nos superestimando. Em segundo lugar, muito se exige daquele que muito recebe — e a quem muito foi confiado, muito mais será pedido (Lucas 12:48).

Quando Cristo retornar, ele acertará as contas conosco. Ele avalia nossa vida com base naquilo que fizemos com o que ele nos deu. Ele não compara o que temos com aquilo que qualquer outra pessoa possa ter. Ele quer ver o aumento que trouxemos para o seu reino quando andamos fielmente no nosso destino profético. As palavras "Muito bem, servo bom e fiel" são reservadas àqueles que responderam ao chamado — grande ou pequeno.

ANDANDO COMO SERVO BOM E FIEL

Paulo esteve em uma missão de avançar em direção ao seu destino profético. Ele descreveu isso como "chamado celestial" (Filipenses 3:14; NVI). Algumas traduções usam o termo "soberana vocação" (ARA) ou "prêmio da vitória" (NTLH). Nosso objetivo é ouvir Deus dizer: "Muito bem, servo bom e fiel". Nós o alcançaremos indo além do mínimo. Fazemos isso buscando a obediência plena e levantando quando caímos.

Examinemos os aspectos da declaração de Cristo. Sabemos que Deus é bom. O que então significa ser um servo "bom"? O *KJV New Testament Greek Lexicon* define "bom" como "de boa constituição ou natureza, útil, salutar, agradável, alegre, feliz, excelente, eminente, honesto e honrável". Quando você lê essa lista, talvez sinta que esse é um padrão muito alto. E você tem razão. Sem a graça de Deus jamais podemos alcançá-lo. Mas você pode tudo através de Cristo, que lhe dá a força (Filipenses 4:13).

Ser um servo bom significa empreender um esforço sincero e determinado para fazer a vontade de Deus em cada área da sua vida — pessoal, relacional, de carreira, ministério, na família etc. Jesus disse que seu tesouro está onde está seu coração (Mateus 6:21). Quando você investe seu coração em fazer a vontade de Deus, está lhe dando sua força, sua atenção, seu tempo, seu dinheiro.

Quando você decide obedecer aos mandamentos de Deus, será chamado "grande" no reino dos céus. Jesus disse:

> Digo-lhes a verdade: Enquanto existirem céus e terra, de forma alguma desaparecerá da Lei a menor letra ou o menor traço, até que tudo se cumpra. Todo aquele que desobedecer a um desses mandamentos, ainda que dos menores, e ensinar os outros a fazerem o mesmo, será chamado menor no Reino dos céus; mas todo aquele que praticar e ensinar estes mandamentos será chamado grande no Reino dos céus. (Mateus 5:18-19)

Deus sabe que tropeçaremos, que perderemos oportunidades, que teremos momentos de fraqueza e até mesmo que pecaremos. Graças a Deus pela dádiva do arrependimento. Salmos 103:12-14 nos garante: "Como o Oriente está longe do Ocidente, assim ele afasta para longe de nós as nossas transgressões. Como um pai tem compaixão de seus filhos, assim o Senhor tem compaixão dos que o temem; pois ele sabe do que somos formados; lembra-se de que somos pó". Como escreveu o pregador em Provérbios, o justo cai sete vezes, mas volta a se levantar (Provérbios 24:16). É aqui que entra a fidelidade.

A palavra *fiel* na parábola de Cristo sobre os talentos vem da palavra grega *pistos*, que é a mesma palavra para *fé*. Segundo *The KJV New Testament Greek Lexicon*, significa "confiável, fiel", e é usada para "aquele que se prova fiel na transação comercial, na execução de ordens ou no cumprimento de obrigações oficiais". Quando somos fiéis, somos "dignos de confiança" e alguém em quem "se pode confiar".

Circunstâncias difíceis e batalhas espirituais se levantarão contra seu destino profético. Mas, se decidir permanecer fiel, o Espírito

Santo derramará sua graça sobre você. Você também terá que ser fiel nas estações mundanas da vida, quando o tédio da tentação tentar desviá-lo do curso.

Finalmente, examinemos a palavra *servo* na parábola de Cristo. Nesse contexto, um servo é "alguém que se entrega à vontade de outro; aquele cujo serviço é usado por Cristo ampliando e avançando sua causa entre os homens; alguém que se dedica ao outro ignorando seus próprios interesses", segundo o *The KJV New Testament Greek Lexicon*. Paulo chamou a si mesmo de "um escravo de Cristo". Essa deve ser a postura do nosso coração. Cristo nos salvou do inferno eterno e está nos oferecendo recompensas eternas por nosso serviço. Que troca!

ADMINISTRANDO SEU DESTINO PROFÉTICO

No fim das contas, tudo se reduz à administração. Deus nos fez administradores sobre tudo que ele coloca em nossas mãos — desde finanças até família, dons e chamados. Pedro, o apóstolo, escreveu: "Cada um exerça o dom que recebeu para servir aos outros, administrando fielmente a graça de Deus em suas múltiplas formas" (1Pedro 4:10). Em Colossenses 3:23-24, encontramos um segredo para administrar bem o nosso dom: "Tudo o que fizerem, façam de todo o coração, como para o Senhor, e não para os homens, sabendo que receberão do Senhor a recompensa da herança. É a Cristo, o Senhor, que vocês estão servindo".

Outro segredo é reservar tempo para o seu dom, para que ele abra espaço para você (Provérbios 18:6). Beethoven foi um mestre da música clássica. Ele tinha um dom e um talento, mas poderia ter escolhido não o cultivar. Ele investiu no dom de Deus. Ele praticou horas a fio e entrou para a história da música clássica como um gênio. Semelhantemente, Michael Jordan tinha um dom esportivo, mas teve que praticar e treinar. Na verdade, ele não conseguiu entrar na equipe de basquete da sua escola de Ensino Médio na primeira vez que tentou. Se ele tivesse desistido de tentar, jamais teria conquistado seis campeonatos da NBA e deixado sua marca no esporte.

Lembre-se, Deus me disse: *Eu lhe dei dons e espero que você os use.* Mas eu não poderia ter usado os dons espirituais e naturais que ele me concedeu se não investisse horas e horas de estudo e prática. Muitas pessoas me dizem: "Você ficou famosa de um dia para o outro". Não, na verdade não. Eu estava criando raízes profundas, estudando para provar-me digna e dominar habilidades muito antes de alguém conhecer meu nome.

Mesmo que ninguém jamais viesse a ouvir meu nome, eu seria capaz de ouvir Deus dizer: "Muito bem, serva boa e fiel", porque eu fiz algo com aquilo que ele me deu. No fim das contas, não sou responsável pelo alcance da minha mensagem. Cabe a mim ser fiel no estudo, na oração e na proclamação da mensagem que ele me dá. Talvez você toque a vida de apenas um punhado de pessoas, mas isso não é preocupação sua. Sua preocupação é ser fiel ao chamado.

VOCÊ É CHAMADO PARA A GRANDEZA

Apesar de não conseguir encontrar a fonte, tenho ouvido com frequência que, certa vez, o já falecido evangelista Billy Graham disse ao zelador que limpava os estádios durante suas cruzadas que este receberia a mesma recompensa celestial que ele. Isso pode parecer incrível a princípio, mas tente acompanhar o raciocínio: o grande evangelista não poderia ter realizado sua missão se o zelador não tivesse respondido ao chamado.

Talvez você não conquiste milhões de almas para o Reino de Deus, talvez nem chegue a limpar os estádios lotados de um grande evangelista, mas seu destino profético é tão importante quanto o de qualquer outra pessoa. O Reino de Deus precisa daquilo que você carrega. Contemple as palavras de Paulo em 1Coríntios 12:15-26 e deixe que elas inspirem e convençam você a fazer a sua parte:

Se o pé disser: "Porque não sou mão, não pertenço ao corpo", nem por isso deixa de fazer parte do corpo. E se o ouvido disser: "Porque não sou olho, não pertenço ao corpo", nem por isso deixa de fazer parte do corpo. Se todo o corpo fosse olho, onde estaria a audição? Se todo o corpo fosse ouvido, onde estaria o olfato? De fato, Deus dispôs cada um dos membros no corpo, segundo a sua vontade. Se todos fossem um só membro, onde estaria o corpo? Assim, há muitos membros, mas um só corpo. O olho não pode dizer à mão: "Não preciso de você!", nem a cabeça pode dizer aos pés: "Não preciso de vocês!". Pelo contrário, os membros do corpo que parecem mais fracos são indispensáveis, e os membros que pensamos serem menos honrosos, tratamos com especial honra. E os membros que em nós são indecorosos são tratados com decoro especial, enquanto os que em nós são decorosos não precisam ser tratados de maneira especial. Mas Deus estruturou o corpo dando maior honra aos membros que dela tinham falta, a fim de que não haja divisão no corpo, mas, sim, que todos os membros tenham igual cuidado uns pelos outros. Quando um membro sofre, todos os outros sofrem com ele; quando um membro é honrado, todos os outros se alegram com ele.

Todos no Reino de Deus são chamados para a grandeza — incluindo você. Essa é uma verdade fundamental no evangelho de Cristo. Fato é que essa verdade faz parte da Constituição do Reino, também conhecida como Sermão do Monte. Deus é bom não só no sentido de sua bondade; Deus é grande e deve ser louvado grandemente (Salmos 145:3). Apesar de não termos nenhuma coisa boa na nossa carne (Romanos 7:18), nós temos bondade — e grandeza — dentro de nós, porque fomos criados à imagem de Deus e porque ele vive em nós.

Após ouvir as palavras "Muito bem, servo bom e fiel", você receberá um convite: "Venha e participe da alegria do seu senhor" (Mateus 25:23). Essa é apenas uma de suas muitas recompensas eternas.

CONCLUSÃO

Ninguém disse que seria fácil andar em seu destino profético. Se fosse fácil, todos fariam. Mas veja da seguinte forma: vale a pena.

Recentemente, estive passando por uma provação. Mas não o tipo de provação passageira que você esquece assim que passa. Era do tipo feroz, do qual Pedro fala em 1Pedro 4:12. Era ardente e duradoura, e aconteceu pouco antes de Deus me levar para o próximo passo do meu destino profético de plantar casas de oração no mundo inteiro.

Nessa provação, houve uma perda devastadora, uma batalha espiritual que atacava minha mente, fadiga extrema e doenças estranhas que acometiam meu corpo, um ataque financeiro e mais – tudo de uma só vez. Foi um daqueles ataques sobre os quais escrevi neste livro. Eu tinha passado por algo semelhante antes, e isso me fez cair de joelhos diante do Senhor.

De repente, ouvi o Senhor cantando acima de mim. Você sabe que o Senhor se regozija sobre nós com cânticos (Sofonias 3:17). Isso não é uma imagem maravilhosa? Nós cantamos louvores a ele, e ele canta sobre nós. Eu não sei o que exatamente ele canta sobre você, mas ele estava cantando sobre mim uma música de Misty Edwards, que promete: "Valerá a pena". O cântico do Senhor acalmou minha alma. Eventualmente, a provação feroz diminuiu. Passei para o outro lado. E você fará o mesmo.

Não, ninguém disse que seria fácil andar em seu destino profético. A estrada larga da vida cristã solta está lotada. Andar com o Senhor para a sua alta vocação significa seguir o caminho estreito. A Bíblia Ampliada nos oferece uma percepção sobre a jornada ao longo desse caminho estreito. Jesus explicou: "A porta é estreita (contraída pela pressão) e o caminho que leva para a vida é estreito e comprimido, e poucos são aqueles que o encontram" (Mateus 7:14).

Você reconheceu a pegada? O caminho é contraído pela pressão. Muitas vezes, associamos pressão com dor e sofrimento.

Cada pessoa viva sofre. Prefiro sofrer por fazer a vontade de Deus a sofrer aleatoriamente. Há uma recompensa em sofrer por Jesus. A Bíblia diz: "Considero que os nossos sofrimentos atuais não podem ser comparados com a glória que em nós será revelada" (Romanos 8:18). Amado, valerá a pena. Não importa o que seja necessário para seguir seu destino profético e encontrar-se diante de Deus para ouvir as palavras: "Muito bem, servo bom e fiel" – valerá a pena. Eu prometo. Eternidade é muito tempo.

Agora, não quero passar a impressão de que seguir seu destino profético seja apenas dor e sofrimento. Há um grande prazer em seguir a Cristo. Davi garantiu: "Tu me farás conhecer a vereda da vida, a alegria plena da tua presença, eterno prazer à tua direita" (Salmos 16:11). Quando somos amantes de sua presença e de sua vontade, encontramos prazer até mesmo na guerra.

Para mim, trata-se de ver o impacto do ministério sobre a vida das pessoas. Para você, pode ser a construção de um negócio bem-sucedido para financiar o reino. Para outra pessoa, pode ser a criação de filhos santos. A vida não é fácil, mas ela não seria fácil mesmo que você não seguisse seu destino profético. Jesus disse: "Neste mundo vocês terão aflições; contudo, tenham ânimo! Eu venci o mundo" (João 16:33).

Assim como a chuva cai e o Sol brilha igualmente sobre os bons e os maus (Mateus 5:45), provações e tribulações ocorrem na vida daqueles que buscam a Deus com todo o seu coração e daqueles que rejeitam sua oferta de salvação. Então por que não combater o bom combate da fé com um propósito em mente?

CONCLUSÃO

O já falecido Myles Munroe disse certa vez: "Os lugares mais ricos no mundo não são as minas de ouro, os campos de petróleo, as minas de diamantes ou os bancos. O lugar mais rico é o cemitério. Lá descansam companhias que nunca foram fundadas, obras-primas que nunca foram pintadas [...]. No cemitério está enterrado o maior tesouro de potencial não aproveitado. Existe um tesouro dentro de você que precisa sair. Não vá para o túmulo com o tesouro ainda enterrado dentro de você".[1]

Pela misericórdia de Deus, imploro que você calcule o custo, pague o preço, esteja disposto a passar pelo fogo e se entregue a ele. Siga o caminho estreito. Valerá a pena, servo bom e fiel.

AGRADECIMENTOS

Sou grata à minha equipe de intercessores da Awakening House of Prayer, em PrayforJennifer.com, e das transmissões de orações proféticas *Mornings with the Holy Spirit*. Todos vocês fazem parte do meu destino profético de uma forma ou de outra. Obrigada por suas orações fiéis. Sou grata a Joel Kneedler e sua equipe na Emanate por facilitarem um manuscrito que, acredito, incentivará muitos a descobrirem o que Deus tem para eles, a lutar por isso e a caminhar nisso. Obrigada a todos vocês por sua dedicação à realização da vontade do Senhor.

NOTAS

CAPÍTULO 1

1 A Fortune 500 é uma lista anual compilada e publicada pela revista *Fortune*, que contém as 500 maiores corporações dos Estados Unidos por receita total em seus respectivos anos fiscais. A lista inclui tanto empresas de capital aberto quanto empresas privadas cujas receitas estão disponíveis publicamente. [N. do E.]

2 Profissional que não recebe créditos de autoria pelo texto que escreveu, como parte de um contrato ou acordo de cessão de direitos autorais. Ele escreve livros, textos e outros materiais, vende seus direitos e recebe por isso. [N. do E.]

3 RELEVANT MAGAZINE. "Research: Only 17% of Christians Actually Have a Biblical Worldview". **Relevant**, 11 maio 2017. Disponível em: https://relevantmagazine.com/slice/research-only-17-of-christians-have-a-biblical-worldview.

4 BARNA. "Survey Reveals the Life Christians Desire". **Barna**. 21 jul. 2008. Disponível em: https://www.barna.com/research/survey-reveals-the-life-christians-desire/.

5 ABC NEWS. "Myles Munroe's Ominous Quote on Dying Young. **ABC News**. 10 nov. 2014. Disponível em: https://abcnews.go.com/International/myles-munroes-ominous-quote-dying-young/story?id=26814242.

CAPÍTULO 2

1   WIGGLESWORTH, S. Ever Increasing Faith. **Biblesnet. com**. Domínio público, 1924. p. 134.

CAPÍTULO 3

1   KUHLMAN, K. **In Search of Blessings**. Alachua, FL: Bridge-Logos Foundation, 2001. p. 92

CAPÍTULO 4

1   CHAMBERS, O. "The Divine Commandment of Life". **My Utmost for His Highest.** Disponível em: https://utmost. org/the-divine-commandment-of-life/.

2   DALEY, J. Entrevista com Jack Hayford. "Developing Christlike Character". **Billy Graham Evangelistic Association**. 30 ago. 2012. Disponível em: https:// billygraham.org/story/developing-christlike-character/.

3   LECLAIRE, J. **Mornings with the Holy Spirit**: Listening Daily to the Still, Small Voice of God. Lake Mary, Fl: Charisma House, 2015. p. 96.

CAPÍTULO 9

1   TRACY, B. In: "15 Personal Development Quotes to Help You Invest in Yourself". **Success**, 9 nov. 2017. Disponível em: https://www.success.com/15-personal-development-quotes-to-help-you-invest-in-yourself/.

2   RANKIN, R. "Study: Bible Engagement in Churchgoers' Hearts, Not Always Practiced". **LifeWay**, 1º jan. 2014. Disponível em: https://www.lifeway.com/en/articles/ research-survey-bible-engagement-churchgoers.

3   RANKIN, R. "Study", **LifeWay**.

4   WIGGLESWORTH, S. In: "Dr. Meyer Janse Van Rensburg". **The Cure for Today's Dying Church**. Litchfield, IL: Revival Waves of Glory, 2018.

5   Você pode descobrir mais sobre minha escola de oração e intercessão em www.schoolofthespirit.tv.

CAPÍTULO 11

1   LOFTUS, G. "If You're Going Through Hell, Keep Going – Winston Churchill". **Forbes**. 9 maio 2012. Disponível em: https://www.forbes.com/sites/geoffloftus/2012/05/09/ if-youre-going-through-hell-keep-going-winston-churchill/#40c56823d549.

CONCLUSÃO

1   ALL Christian Quotes. Disponível em: https://www. allchristianquotes.org/author_topic/6683-26/Dr_Myles_ Munrou-cemetery/.

Este livro foi impresso pela Santa Marta, em 2021,
para a Renova. O papel do miolo é Pólen Soft
80 g/m², e o da capa, cartão 250 g/m².